全民阅读体育知识读

冰球、冰壶——冰上曲棍球

盛文林/著

台海出版社

图书在版编目（CIP）数据

冰球、冰壶：冰上曲棍球／盛文林著. －－ 北京：
台海出版社，2014.7
（全民阅读体育知识读本）
ISBN 978－7－5168－0434－6

Ⅰ.①冰… Ⅱ.①盛… Ⅲ.①掷冰壶－基本知识
Ⅳ.①G862.6

中国版本图书馆 CIP 数据核字（2014）第 174917 号

冰球、冰壶：冰上曲棍球

著　　者：盛文林

责任编辑：万李娜　　　　　　　　装帧设计：视界创意
版式设计：林　兰　　　　　　　　责任印制：蔡　旭

出版发行：台海出版社
地　　址：北京市朝阳区劲松南路 1 号　邮政编码：100021
电　　话：010－64041652（发行，邮购）
传　　真：010－84045799（总编室）
网　　址：www.taimeng.org.cn/thcbs/default.htm
E－mail：thcbs@126.com

经　　销：全国各地新华书店
印　　刷：北京一鑫印务有限公司
本书如有破损、缺页、装订错误，请与本社联系调换

开　　本：655×960　　　　1/16
字　　数：130 千字　　　　　　　印　张：12
版　　次：2014 年 10 月第 1 版　　印　次：2021 年 6 月第 3 次印刷
书　　号：ISBN 978－7－5168－0434－6

定　　价：29.60 元

前　言

　　冰球运动是多变的滑冰技艺和敏捷娴熟的曲棍球技艺相结合、对抗性较强的集体冰上运动项目之一。这项集技术、平衡能力和体力于一身的运动在欧洲、美国和加拿大十分盛行。在我国，冰球运动在也有了六十余年的历史，经过几十年的发展，我国冰球运动取得了令人满意的成绩。

　　冰壶运动的技巧性与游戏性适合青少年的生理特点和心理特点。经常参加这项运动，能够促进青少年的身心健康。经常参加冰壶运动，能够锻炼上肢、下肢等身体部位的肌肉，调节中枢神经系统的功能，提高对身体的控制能力，全面改善身体状况。

　　本书就是为了帮助青少年朋友进一步了解冰球和冰壶这两项冰上运动而汇编的。全书共分为 11 个部分：项目起源、历史发展、场地设施、项目术语、技术战术、竞赛规则、裁判标准、赛事组织、礼仪规范、明星花絮、历史档案。分门别类地介绍了这两项冰上运动的各个方面，使读者有一个比较清晰的认识。

　　为了增加本书的趣味性和帮助读者更好地理解书中内容，本书还在适当的地方配置了多幅图片，做到图文并茂。

目　录

PART 1

项目起源

冰球和冰壶都属于冰上运动，都有着较为悠久的历史。它们都起源于人们在冰上的娱乐活动。随着参与的人越来越多，渐渐地，相应的运动规则也完善起来，最终在全世界流行起来。

冰球运动起源

冰球运动具有悠久的历史。1855 年加拿大安大略省金斯顿流行一种冰上游戏，参加者脚上绑着冰刀，手持曲棍，在冰封的湖面上追逐打击用圆木片制成的冰球。当时对参加人数和场地均无限制，只立两根木杆作为球门，这就是现代冰球的前身。

这种比赛游戏当时在新英格兰及北美的其他地方很流行。人们在室外结冰的池塘中进行这种自发的、无严格纪律的游戏，既无固定的场地，也没有特定的器材设备，更无规则。

当时的冰球是用圆木制成的，球门是用两根竖立的木棍代替的，比赛的场地和人数不限。1856 年，在哈利法克斯举行了第一次冰球比赛，每队 15 人，用短曲棍，直径 7.62 厘米、厚 2.54 厘米、重 160 克左右的扁圆形木球进行比赛。当时是以木制围墙围成的长方形界墙为比赛场地的。

1875 年 3 月 3 日在加拿大蒙特利尔的维多利亚进行了一场灯光下的

公开冰球赛。其比赛场地大小规格与现代标准场地相近，长 61 米，宽 24.5 米，四周为 30 厘米高的木制界墙。

1879 年，加拿大籍的英国留学生 W·F 罗伯逊，把曲棍球和流行北美洲的拉克罗斯球的特点有机地结合在一起，发明了现代冰球这项运动。

冰球运动

冰壶运动起源

16 世纪初，苏格兰人喜欢在冰上进行一种类似地滚球的游戏，他们用光滑的鹅卵石在冰上击打，用马鬃制成的扫帚刷扫冰面，这就是冰壶运动的雏形。

现代冰壶运动

1541 年 2 月，第一次冰壶比赛在苏格兰的格拉斯哥举行，参赛者是修道院的两位修道士。

1688 年，第一个冰壶俱乐部在苏格兰的金罗斯郡成立。后来，冰壶运动从欧洲传到了北美洲。1807 年，加拿大成立了冰壶俱乐部。1830 年，美国也成立了冰壶俱乐部。

1838 年，苏格兰冰壶俱乐部制定了比赛规则，自此，冰壶运动正式发展起来。

PART 2 历史发展

　　无论是冰球的发展，还是冰壶的发展，都经历了一个从初级到高级，从不完善到完善的渐进过程。简单来说，冰球运动起源于19世纪的加拿大一个小镇，而后迅速从加拿大传到欧洲，又很快在全世界流行起来。冰壶运动起源于16世纪的苏格拉地区，19、20世纪向世界各地广泛传播，它以独特的魅力吸引着越来越多的运动爱好者。

冰球运动历史发展

国际冰球运动的发展

　　自1856年在加拿大哈利法克斯举行世界第一场冰球比赛后，这种游戏性的比赛很快引起了人们的关注。

　　1857年3月3日，在加拿大蒙特利尔维多利亚冰场举行了世界上第一次正式的冰球比赛。1879年加拿大蒙特利尔麦吉尔大学组织了一次正式的冰球比赛，规则由罗伯逊教授和史密斯教授共同制定。最初规定双方参加者各为11人，后改为9人，又改为7人，最后改为6人。

　　1885年，北欧国家也兴起了冰球运动，这时已改为每队7人上场参加比赛。1890年，世界上第一个冰球组织——加拿大安大略冰球协会成立，冰球运动在加拿大迅速普及。

1893 年，在加拿大蒙特利尔创办了世界性的职业冰球赛，因冠军奖杯由总督斯坦利爵士赠送，故称"斯坦利杯赛"。这项比赛一直被视为职业冰球中最重要的比赛。此项比赛每年举行一次。

冰球运动很快传到欧洲，并在英国、瑞士、法国、比利时等国率先开展起来。瑞典于 1901 年进行了第一次正式比赛。1903 年挪威正式开展了冰球运动。1907 年捷克斯洛伐克的冰球运动正式开展。尔后德国、丹麦、瑞典等北欧国家相继独立开展冰球运动。

1908 年，第一次欧洲国家冰球赛在德国柏林举行，同年，国际冰球联合会在法国巴黎成立，总部设在奥地利首都维也纳。1920 年，第七届夏季奥运会将冰球列为正式比赛项目。1924 年冬季奥运会创办后，冰球被列入冬季奥运会比赛项目。1924—1953 年，加拿大冰球在世界上常处于领先地位，多次赢得世界冠军。1954 年，苏联队战胜加拿大队，获得第 21 届世界冰球锦标赛冠军，加拿大独占冰球优势的局面被打破。

激烈的冰球比赛

近年来除举办世界冰球锦标赛和冬季奥运会冰球比赛之外，还有世界青少年冰球锦标赛、欧洲锦标赛、欧洲少年冰球锦标赛。世界冰球锦标赛按水平分为 A、B、C 三组进行。

女子冰球运动首先是在加拿大开展起来的，冰球运动在加拿大已达到了家喻户晓的程度。

我国冰球运动的发展

冰球在我国历史悠久，古时被称作"冰上蹴鞠"，类似冰上足球。清代的冰球比赛不设球门，是以在追逐中得球为胜。《帝京岁时纪胜》对冰球比赛有简明的记载："每队数十人，各有统领，分伍而立，以革为球，掷于空中，俟其将坠，群起而争之，以得者为胜。或此队之人将得，则彼队之人蹴之令远，喧笑驰逐，以便捷勇敢者为能，将士用以习武。"

现代冰球运动在我国已有 60 余年的历史。1935 年在北平举行的第 1 届华北冰上运动表演会上，第一次举行了冰球比赛。中华人民共和国建立后，冰球运动得到迅速发展。1953 年 2 月在哈尔滨举行首届全国冰上运动会，有 5 个队参加冰球比赛。以后在东北、华北等一些省、市相继建立各种形式的冰球队。从 1955 年起每年举行一次全国冰球比赛。

1956 年，我国参加了国际奥委会组织，成为国际冰球联合会成员国。1956 年以后，中国冰球队开始参加国际比赛。1958 年，我国派出代表第一次观摩了世界与欧洲的冰球锦标赛。1981 年北京举办了世界冰球 C 组锦标赛，中国队获得亚军，晋升到 B 组。

我国冰球赛开始实行分级比赛始于 1957 年，分成年组和少年组。1958 年，成年组又分甲乙级分别举行。

1957—1982 年，我国每年都举行全国性冰球比赛。冰球运动已普及到黑龙江、吉林、辽宁、河北、内蒙古、新疆、青海、宁夏和甘肃等 9 个省区，推动了冰球运动的普及与提高。

1986 年 3 月 1 日在日本举行的第 1 届亚洲冬季运动会上，中国队获得冠军。

冰壶运动历史发展

国际冰壶运动的发展

1924 年，冰壶运动首次以表演项目的形式在奥运会上亮相。

1955 年，冰壶运动传入亚洲地区，目前在日本、韩国等国家非常流行。

1959 年，首届苏格兰威士忌杯冰壶赛举行。1986 年，该赛事正式定名为世界冰壶赛。

20 世纪 60 年代，冰壶运动先后在北欧的瑞典、挪威、丹麦，以及德国、法国、意大利等国广泛开展。

1966 年，国际冰壶联合会成立。

1991 年，国际冰壶联合会改称世界冰壶联合会，并获得国际奥委会的承认。

1924 年至 1992 年，冰壶运动六次被列为冬奥会表演项目。1993 年国际奥委会决定，从 1998 年开始，冰壶列为冬奥会正式比赛项目。

目前，冰壶运动已发展到 50 多个国家和地区，其中已有 39 个国家和地区加入了世界冰壶联合会。

我国冰壶运动的发展

1995 年，我国引进了冰壶运动项目，并聘请日本和加拿大的冰壶运动专家先后举办培训班，提供相关器材和技术资料。

2000 年，中国成立冰壶运动队，开始了专业训练。

此后，冰壶运动在中国发展迅速，于 2002 年和 2003 年分别获得泛太平洋地区冰壶锦标赛男子、女子第五名，于 2004 年获得泛太平洋地区冰壶锦标赛男子第四名和女子第二名。

2006 年，泛太平洋地区青少年冰壶锦标赛在我国举行。

目前，国家体育总局冰上运动中心已把冰壶运动列为重点项目。

PART 3 场地设施

冰球运动队场地、器材和装备的要求比较高。场地和器材直接关系到运动员的人身安全。在练习或者比赛前要严格检查，避免运动者受到伤害。

冰壶运动队场地和器材也有很高的要求，而且，由于冰壶运动是在冰上进行的，装备必须保暖、防滑。

冰球运动场地

冰球场地是进行冰球运动的基础，场地要有一定的规格。合乎规格的场地是运动者发挥出自己水平的重要条件之一。

冰球场

冰球比赛应在"冰球场"的冰面上进行。

在冰场的冰面、界墙、防护玻璃和球门以及队员席、受罚席、记录席和监门区周围的围墙、防护玻璃及其他表面上，不得有规则规定以外的标记。在国际冰联举办的锦标赛中如有其他标记，需经国际冰联书面批准。在各国的锦标赛和国际比赛需各国冰球协会的书面批准。

可以在上述区域设置广告和商标，但必须取得与上述相同级别的组织批准或证明。

标准冰球场地最大规格为长为 61 米，宽为 30 米；最小规格为长为 26 米，宽为 15 米；四角圆弧的半径为 7～8.5 米。

国际冰联主办的锦标赛场地，长应为 60～61 米，宽 29～30 米。

冰球场地四周围以高 1.20 米～1.22 米木质或可塑材料制成的牢固界墙。除场地正式标记外，全部冰面和界墙内壁应为白色。

两条 30 厘米宽的蓝线横贯整个冰场并垂直延伸到边线界墙，将两条球门线之间的区域作三等分，自己球门一侧为守区，中间为中区，对方球门一侧为攻区。

在冰场中间，有一条 30 厘米宽的红线平行于蓝线，横贯冰场并垂直延伸到边线界墙，称为中线。

界墙面向冰面的一面应是平滑的，不得有任何能使运动员受伤的障碍物。

所有通向冰场的门必须向外开。

所有保护网应固定装在界墙上离开冰面的一侧。

国际冰联举办锦标赛的场地必须具备防护玻璃和端区防护网。如果确有责任保险，不设防护玻璃或端区防护网必须要经国际冰联理事会的批准。

在球门线两端以后的端线界墙上安装的防护玻璃高度要符合 160～200 厘米，沿边线界墙上安装的防护玻璃要高 80～120 厘米。

如果要在界墙上张贴广告，分两种情况：如果是正式的国际锦标赛，需经国际冰联批准；如果是各国举行的全国和国际性比赛，需经各国冰联批准。

球门

在冰场两端，各距端墙 4 米，横贯冰场并延伸到边线界墙，画出宽 5 厘米的两条平行红线，这两条平行红线称为球门线。两个球门固定在球门线的中央。

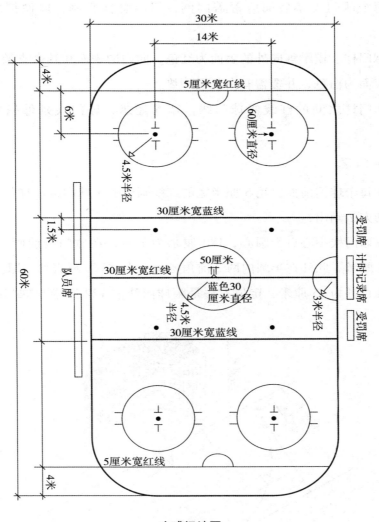

冰球场地图

球门柱应用规定的样式和材料，垂直高度从冰面算起为 1.22 米，两个门柱内侧相距 1.83 米，球门的横梁应用同样材料做成，架设在两门柱的顶端。

球门里侧的测量是从球门线前沿至球门网的后部，最深处不得超过 1.12 米或小于 0.60 米。

每个球门支架后面应覆盖门网，门内悬挂垂网，以便把球挡在门内。

球门柱、横梁等向外的表面为红色，向内的表面和其余支架、底座的内表面为白色，并覆盖有白色缓冲垫。

两门柱之间的红线叫球门线，宽 5 厘米，球门线延伸横穿整个冰场。

球门区

在每个球门前面，用 5 厘米宽的红线画出一个球门区。球门区要求按下列方法画出：

以球门线中心点为圆心，180 厘米为半径，在球门线前画一半圆，线宽 5 厘米。此外在半圆内两个前角各画一个"L"形直角，"L"形的两条线长各为 15 厘米，定位方法是距球门线前 122 厘米与球门线平行

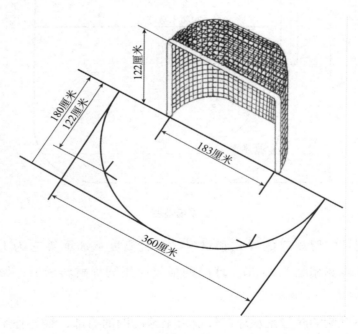

球门区

的想象线与半圆相交处。

全部球门区域，包括球门区和球门内的冰面，都应涂成浅蓝色或白色。

由球门区线垂直上伸到 1.22 米球门架的高度围起来的所有空间都是球门区的范围。

开球点和中圈

开球点是指在冰场的中心画出的一个直径为 30 厘米的蓝点。以开球点的中心为圆心，以 4.5 米为半径，用 5 厘米宽的蓝线画一个圆圈为中圈。

中区争球点

争球点是在中区内距每条蓝线 1.5 米处，各画出的两个直径为 60 厘米的点。两个争球点距边线界墙的距离与端区争球点距边线界墙的距离相同。

争球点的圆由 5 厘米宽的红线画成，在圆的中央画一条 35 厘米宽与蓝线平行且两端与圆相接的红线。其余部分应为白色。

端区争球点和争球圈

在每个端区球门的两侧，各画出一个红色的争球点和争球圈。争球点的直径为 60 厘米，其画法可按照中区争球点画法。争球圈应以争球点的中心为圆心，以 4.5 米为半径，用 5 厘米宽的红线画成。

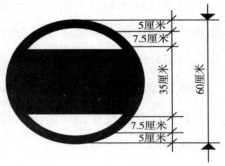

中区及端区争球点

在端区争球点两侧各画一个红色 "T" 字形。线宽 5 厘米。两 "T" 顶部横线相对，距争球点中心各为 0.85 米。"T" 形的两条线各长 100 厘米，其顶部横线与球门线平行。

在每个争球圈两侧的外缘，距球门线 5.15 米和 6.85 米处，各画出一条60厘米长、5厘米宽且平行于球门线的红线。

争球点可这样准确定位：在两条球门线中心的连线上、距每个球门前6米处假设一点，在这一点的两侧各7米、距球门线6米处即为端区争球点的中心。

队员席

主办方要在每个冰球场给比赛的两个队分别提供可以容纳16名队员和6名队的官员的座位，而且要求一视同仁，即提供给两队的必须相同。这些座位最好安置在中区紧靠冰面的地方，并尽可能靠近场地中心，门的开口应设在中区内便于去更衣室的地方。

两队的队员席应在冰场的同侧。两队的队员席应有适当距离或用其他设备分隔开。

如果条件许可，每个队员席应在中区内开两个通向冰场的门，这些门应向队员席方向开。队员席的入口处应由队员和队的官员以外的人做警卫。

队员席要求只有同队的队员和该队不超过6名的官员有权使用。

受罚席

每个冰场必须设有作为"受罚席"的座位。"队员席"的对侧就是受罚席。两队的受罚席应彼此分开。受罚席的入口处应由除受罚队员和记罚员以外的人做警卫。

裁判区

裁判区是在紧靠记录席前面的冰面上，以3米为半径，用5厘米宽的红线画的一个半圆。

信号和计时装置

每个冰场都要有为计时员使用的汽笛或合适的其他声响装置。

另外，每个冰场要有电钟以便使观众、运动员和工作人员准确了解全部比赛各阶段的时间。电钟应能记录每局比赛时间，并能记录每队至少两名队员的受罚时间。

在每个球门后要有监门员使用的电灯。红灯表示射中得分，绿灯指示每局的结束。既可以使用人工，也可以使用自动装置。

绿灯的目的是为了使裁判员和边线裁判员能同时观察球门和灯，及时知道一局比赛的结束。

休息室

大型的冰球场应保证提供给每队 25 人使用、带有洗浴室的休息室。裁判员和边线裁判员使用的带洗浴室的休息室应单独提供。

在比赛期间或之后，不许任何队的运动员和工作人员同裁判员或边线裁判员展开辩论。在比赛期间或一场比赛之后，除了被有关的协会授权者以外，不允许任何人进入裁判员休息室。

照明设置

冰场要保证有充足良好的照明设备。

比赛进行中如照明亮度不足时，裁判员有权延迟比赛时间或争取时间，改进照明。如果某队由于灯光不足受到较大影响，而这场比赛又不能延迟或取消时，裁判员有权把两队场地对调，使两队的机会均等。

冰球运动器材

冰球

冰球是冰球比赛的核心，场上运动员都围绕冰球展开激烈的对抗性活动。

冰球要用黑色硬橡胶或经批准的材料制成。球厚为 2.54 厘米，直径为 7.62 厘米，重量不得小于 156 克、大于 170 克。

冰球杆

冰球杆用木质或其他经国际冰球联合会检验批准的材料（如铅质或塑料）制成。球杆的杆柄必须是直的。

冰球杆分为普通球杆和守门员球杆。普通球杆从根部至杆柄端部长不超过147厘米；杆刃从根部至端部长不超过32厘米，宽5.0~7.5厘米，其全部边沿是斜面，从刃根部任何一点到端部画一直线，从直线至刃的最大弧度外的垂直距离不超过1.5厘米。

守门员球杆的杆刃后跟部分不得宽于11.5厘米，其他部分不宽于9厘米，从根部至杆柄端部长不超过147厘米，杆刃从根部至端部长不超过39厘米，长柄的放宽部分从根部向上长不超过71厘米，宽不超过9厘米。

守门员球杆

从结构上看，冰球杆可分为整体型和分离型两种结构。分离型的可单选球拍和球杆。

为了减轻重量现已有碳素材料所制的球杆问世并允许在比赛中使用。它在长宽不变的情况下重量减轻，更容易让选手发挥。

根据规则，如果队员拿着给守门员替换的球杆参加了比赛，应受处罚。

冰球刀

冰球刀的好坏能够影响运动员滑行的速度，对初学

队员球杆

者来说，则能够严重影响初学者的技术，因此，选择一把适合自己的冰球刀十分重要。

首先所有冰球刀（守门员的除外）都应是安全的后跟形式。当裁

判员发现任何人穿着的冰球刀的后尖保护装置丢失或损坏时，他应告诉该队员在下个局间休息时换好。如果这个要求没有得到执行，该运动员又参加了比赛，裁判员应判该犯规队员小罚。

冰球刀原为铁托钢刃，现多采用全塑刀托，优质合金钢刀刃，具有质量轻、抗击打、不易生锈等优点。

冰球刀刀身高而短，弧度大，刀刃较厚。刀身高，在运动员急转弯冰刀倾斜时也不会使鞋触及冰面；刀身弧度大，和冰面接触面积小，可以灵活地滑跑和改变方向；刀刃厚，可抗打击而不弯；刀刃带有浅沟可使其锋利持久。

守门员冰刀与运动员冰刀有较大区别，守门员冰刀全为金属制做，刀身矮而平，刀刃与刀托有多处连接以防漏球。

禁止使用速滑冰球刀、花样冰球刀或其他能引起伤害的冰球刀。

冰球鞋

冰球鞋为高腰型，鞋头、鞋帮、两踝、后跟等外层均为硬质。前面的长鞋舌加上硬实的高腰，可将腿踝箍紧，帮助运动员支持和用力。

冰球鞋原为优质牛皮缝制，20 世纪 60—70 年代出现全塑料模压鞋。现国际上多用尼龙纤维鞋帮、塑料底的冰球鞋。这种鞋比皮制鞋轻、坚硬、耐湿，适合室内冰场使用。

冰球鞋

冰球运动装备

冰球运动的装备除服装外，还包括头盔、护胸、护腿、护肘、冰球裤衩和手套等护具。

服装要求

冰球比赛要求穿赛服和袜套，由于是穿在护具外面，袜套和外衣必须佩戴。

护具

为防止在紧张激烈的对抗中受伤，运动员全身穿戴护具。护具包括头盔、面罩、护肩、护胸、护腰、护身、护肘、手套、裤衩、护腿、护踝等。守门员戴有特制的面罩、手套，加厚的护胸及加厚加宽的护腿。

头盔是一种用于保护头部及面部的装备，好的头盔要具有完善的保护功能且携带舒适的，分为全面罩（18 岁以下儿童必戴）、半面罩和无面罩等。

护胸主要起保护胸部和肩部的作用，好的护胸要具备重量轻，透气性好的特点。

膝盖是滑冰者摔倒后第一个着地部位，较容易受伤，护腿主要用于保护膝盖和小腿。

肘部是身体最脆弱的部位，所以护肘的外部要有坚硬的外壳，内部要有柔软的海绵，其特性与护胸相似。

冰球裤衩主要起到保护臀部及大腿不被冰球打伤的作用，要求坚硬、重量轻、透气性好。

手套在冰球运动中不可缺少，要求有良好的透气性和防水性。

所有护具（手套、头盔和守门员的护腿除外）必须全部穿在运动服里面。违者先给一次警告，再犯则根据规定进行处罚。

所有队员必须戴冰球头盔，用带在下颏系牢。

冰球运动护胸

所有守门员都必须戴带有全护面罩的头盔或守门员的头脸全护罩。

国际冰联批准的 20 岁和 20 岁以下的年龄组比赛或锦标赛中，运动员必须戴全护面罩。

另外，国际冰联举办的女子冰球锦标赛和其他女子国际比赛也必须戴全护面罩。

国际冰联规定：全护面罩或守门员的头脸全护罩要制造成无论冰球杆刃还是冰球都不能通过的结构。

裁判员和边线裁判员可戴冰球头盔。

守门员的装备

守门员的全部护具是为了保护头或身躯，不允许有任何能给守门员以不合法帮助的装备。守门员手套上拇指与食指之间的窝，不能大于拇指与食指充分张开时所形成的角度面积，更不允许有多余的网兜或起小网兜作用的附加物。

附在手套背部或组成部分的护垫，宽不超过 20.3 厘米，长不超过 0.6 厘米。守门员护腿穿在腿上时，最宽不超过 25 厘米，被使用过的护腿，宽度准许扩张 2.5 厘米。

把任何种类的口袋、小兜或其他发明制造的东西加到手套上，无论它是工厂制造的还是其他人为加上去的，均为非法装备。

对这样的非法装备在其没有得到纠正或替换前，守门员不能用其参加比赛。对使用这样装备的守门员按规定进行相应的处罚。

守门员护腿下部冰刀前面与冰面之间不得有类似围裙或挡板的附加物起遮挡作用。如果守门员穿戴这样的装备参加比赛将被判处罚，并必须纠正或更换这些装备方可再参赛。

需要注意的是，只有在每局比赛结束时才可对守门员的装备提出测量的要求。如果装备是非法的，对守门员判罚。如果提的要求没有得到证实，对提出要求的队判罚。

为了保证安全，国际冰联规定：

严禁使用金属或其他材料制成的容易引起运动员受伤的护具和保护物品。

裁判员有权禁止使用或佩戴对其他队员或比赛工作人员有危险的装备的队员参加比赛。

如果手套的全部或部分被故意摘掉或割裂而露出手，将被认为是非法装备，在比赛中使用的队员应受罚。

冰壶运动场地

冰壶运动的场地是一条平整的冰道。冰道的一端是本垒，另一端是营垒。

场地的规格要求是：

（1）冰道长 44.5 米、宽 4.32 米；

（2）冰道的一端是本垒，由 4 个同心圆组成，最外围圆的半径为 1.83 米；

（3）冰道的另一端是营垒，由 4 个半径分别为 0.15 米、0.61 米、

1.22 米和 1.83 米的同心圆组成。

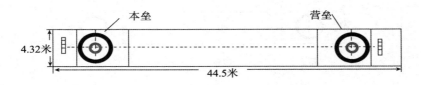

冰壶场地示意图

场地标志如下：

1. 边线

边线位于场地四边，任何接触到边线的冰壶都被视为出局，应立即从场地中移开。

2. 圆垒

冰道两端各有一个圆垒，由数个同心圆组成。

3. 底线

冰道两边各有一条底线。冰壶掷出后，如果越过底线则视为无效，将被清出场外。

现代冰壶场地

4. 圆心线

掷壶时，若冰壶已通过本垒的圆心线，则不可重掷。冰壶掷出后，投掷方的刷冰队员可在冰壶通过营垒的圆心线之前进行刷冰；投掷方刷冰之后，对方有权进行刷冰，以使冰壶离开圆心。

5. 栏线

掷壶时，队员必须在本垒端的栏线之前将冰壶离手。掷壶后，若冰壶未完全通过本垒端的栏线便停止，则此冰壶视为出局；若曾与场上的冰壶发生碰撞，则该冰壶无须完全通过栏线。

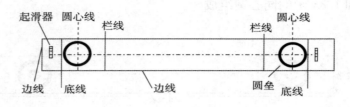

起滑器 圆心线　栏线　　　　　栏线 圆心线

边线　底线　　　　边线　　　圆垒 底线

场地标志示意图

冰壶运动器材

从事冰壶运动的主要器材有冰壶和冰刷，辅助器材有码表。

冰壶

冰壶的规格要求是：

（1）冰壶呈圆壶状；

（2）冰壶直径 29.19 厘米，厚 11.4 厘米，重 19.95 千克；

（3）冰壶的上表面和下表面都是凹面；

（4）冰壶顶部安装有握柄，以便投掷；

（5）在环绕冰壶的带形中有一圈颜色更淡的小带形，这是"打击面"。

冰壶要求由特殊石材制成，通常为不含云母的苏格兰花岗石，一定要打磨得精细平滑。

冰刷

冰刷是冰壶运动中十分重要的器材，有以下两个功能：

（1）扫刷冰壶前进道路上的冰，可以让冰壶滑得更远或改变行进方向；

（2）帮助队员保持身体平衡和稳定。

码表

码表是冰壶运动中的辅助工具，主要用于测量冰面的光滑程度，以便掷壶队员决定投掷的力度和角度。通过记录从冰壶投掷出手至到达下一个点的时间，就可以测出冰面的光滑程度。

冰　壶

起滑器

场地两端各装有一个起滑器，帮助队员起蹬滑行，对起滑器的要求是：

起滑器

（1）用橡胶、轻金属或合成材料制成；

（2）位于距场地两侧圆心线3.66米处。

围护墙

场地四周设有围护墙，主要为防止观众闯入赛场和队员摔倒时受伤。围护墙为木质，高5厘米、宽10厘米。

冰壶运动装备

好的装备能够使运动者更好地完成各种技术动作，并能有效地防止运动伤害的发生。冰壶运动的装备有服装、鞋和手套等。

服装

进行冰壶运动时，服装要舒适、宽松和保暖。正式比赛对服装没有具体要求，能区分不同队的队员即可。

鞋

进行冰壶运动时，一般选择专业用鞋，具体要求是：

（1）一只鞋的鞋底用金属材料制成，非常光滑，可以在整个脚面均匀地分配重量，使掷冰壶的位置稳定；

（2）另一只鞋的鞋底用橡胶制成，便于控制身体重心。

比赛时，运动员脚穿冰壶运动鞋，其中蹬冰脚穿的鞋为橡胶底，滑动脚穿的鞋为金属或塑料底。推滑时蹬冰脚踏在起蹬器上，必须使冰壶越过对方前卫线而不超过后卫线，否则将失去比赛资格。

手套

在室外比赛时，需要戴手套。手套既要保暖舒适，又不能太厚，以免妨碍做各种技术动作。在室内比赛时，一般不必戴手套。

PART 4 项目术语

　　每项运动项目都有自己的基本术语，了解这些术语有助于各种技术动作的学习，也有助于比赛双方的准确交流。对观众来说，也十分有必要熟知这些基本术语，因为只有熟知这些运动基本术语，才能能好地观看比赛和听比赛的解说。

冰球运动术语

女子冰球

　　女子冰球始于加拿大，后流行于捷克斯洛伐克、日本等国。比赛规则类似于男子冰球，其不同处为每场只分上、下两局，每局时间为 10 分钟。两局之间休息 15 分钟。此外，冲撞对方胸部为犯规。

　　相对于男子冰球来说，女子冰球的对抗性要弱上许多。

开球点

　　开球点是指红色中线最中间有一个蓝色点。每局比赛开始或者射中球门以后，双方都要在这个点上争球，以此开始下面的比赛。

女子冰球比赛

争球点

除开球点外，场地上还有另外 8 个点，称为争球点。比赛中，如果攻队队员由本队半场将球直接打过对方球门线形成"死球"，裁判员要鸣笛停止比赛，把球拿回到攻队的守区争球点，双方争球，重新开始比赛。

反拍射

指射门时反手运球转弯切入时或正手拉杆后，用拍杆刃扣住球，然后两手挥拍、扣腕、指向目标，使球从拍尖旋转而出，飞向目标。

反拍射射门的方向变化大，守门员难以判断，可增加得分机会。

击射

击射是一种最快、最有力量的射门方法。击球前，上体向后移动将杆向后上方举起，然后后腿用力伸展蹬冰，利用腰腹力量使上体向前移动，同时肩带、上臂肌肉发力，从后向前迅速挥拍。

击球时，杆刃击在球后几厘米的冰面上，利用冰面对杆产生的变形弹力击打冰球，使球从杆刃后半部向前半部转动旋出。整个动作短促快速。

压步转弯

压步转弯用于转弯的滑行动作。分为向前压步转弯和侧滑压步转弯。

向左转弯时，身体重心落在左腿上，右腿向左腿的前方横跨迈出，左腿在后面用力蹬冰，形成压步动作。向右转弯时左右腿动作相反。

多打少

冰球比赛中经常出现犯规而被判罚出场的情况，这样场上队员就形成了以多打少的局面，这就是所谓的多打少。

在本方队员多于对方的情况下，要充分利用对方受罚的机会，扩大进攻范围，以最快的速度在攻区内进行阵地战，分散对方防守力量，依靠人数多的优势，不断发动攻势，攻击对方球门。

争球

争球是获得球权的重要手段，每一场冰球比赛，从开始到结束，都要进行多次争球。在攻区争到球后，可直接射门得分，在守区争得球后，既可减少对球门的威胁，又可立即组织进攻。

争球时，裁判员将球抛在两方争球队员的冰球杆之间的冰面上。争球队员应正面向对方端区站立，彼此相距约一冰球杆远的距离，杆刃放在冰上，两腿分立，两脚距离略比肩宽，集中注意力并对本队队员所站位置做到心中有数，待裁判员一抛球，立即迅速击拍争球，拨球给同队队员。

协助得分

比赛时对方射的球触及同队队员的任何部位弹入球门内，其中除了踢人、扔人专用冰球杆以外的任何东西而故意将球导入球门的之外，都判为射中球门。被球触及的队员为得分者，射球队员为协助得分者。记录得分者时需要一并记录。

A、B、C 组升降级制

冰球比赛的分组方式。根据国际冰联规定，参加世界冰球锦标赛的各队按技术水平分为 A、B、C 三组。每组八队。比赛实行每组后两名降级和 B、C 组前两名升级的制度。

阻截

指在冰球比赛中为阻止对方进攻而施行的动作。分为前场、后场、刺杆、扫甩、举杆、挑杆、钩引、身体阻截等多种。

违反纪律

该规定分为违反纪律、严重违反纪律和特别严重违反纪律三种处罚。

队员在冰场任何地方骂人、故意阻碍裁判员拾球、故意向场外投扔除球杆外的任何装备、用球杆或其他钩件猛敲界墙、被罚时不立即去受罚席而延误比赛、进入或逗留裁判区阻碍裁判员工作等，将判为违反纪律，并离场受罚 10 分钟。

当队员受到违纪处罚后仍坚持其行为、在冰场任何地方做不礼貌动作、用球杆绊或用身体阻截裁判员或其他工作人员、裁判员发出制止命令后继续或企图继续不良行为的等等，将被判为严重违反纪律，并离场受罚至比赛结束。

当队员以丑化比赛的行为来干扰或损害比赛的进行和企图伤害或故意伤害比赛工作人员时，将被判为特别严重违反纪律，违反该规定的队员除不得参加剩余比赛外，该事件在没有得到竞赛委员会处理之前，不得参加以后场次的比赛。

侧躺

指运动员在比赛中身体向左或向右侧躺在冰面上，以阻止对方射门或阻挡球杆拨球。因动作类似于棒球比赛中的滑倒，所以侧躺又被称为"棒球滑倒"。

板墙挤贴

比赛中队员利用板墙阻截对方的一种技术。

挤贴时，先于对方到达板墙，用臂和身体把对方挤贴在板墙上，并用臂和身体拦住控球队员沿板墙前进的通路。垂直向板墙挤贴时，手握杆、屈肘将杆横于对方臀部上方，用力下压并向板墙挤贴，同时前脚放在对方两脚间，后脚外转用内刃蹬冰，使对方不能移动，给同伴创造抢球的机会。

肩部冲撞

肩部冲撞是防守队员对控球队员的一种包截技术。冲撞时要降低身体重心，膝部弯曲，两脚比肩稍宽，上体前倾，后腿用力蹬冰，用肩部向对方队员胸部进行冲撞。身体接触后，后腿用力向下蹬冰将对方撞倒，而后立即抢球。

臀部冲撞

指以臀部用力冲撞对方大腿以下部位。如果以低姿势冲撞，常会使控制球的人从冲撞人身上翻过摔倒。后卫队员常运用此动作。防守冲撞后应马上去抢球。

非法冲撞

冰球比赛中允许队员间的接触和合理冲撞，但不允许使用超过两步以上的滑跑或跳起冲撞对方和袭击对方，或者从后面用身体冲撞和推人。不允许对在球门区内的守门员犯规，否则，将被认为是非法冲撞，应受到小罚或大罚。

受罚席

设在冰球场界墙外中区队员席的对侧，内有特定的座位。犯规队员受罚离场后必须坐在受罚席上。

急停

急停是冰球运动员从运动状态到突然停止状态的一项技术。当运动中冰球突然停止、对方队员突然停止或为了运用假动作、避免越位、躲闪或改变滑行方向时，都需急停。

急停包括双脚急停、单脚内刃急停和单脚外刃急停。双脚急停时，身体带动双脚急转，与前进方向成90°，两刀交错开立，屈膝用力蹬冰，外侧脚在后以刀内刃前半部、内侧脚在前以刀外刃前半部切入冰面，增加制动摩擦力，完成急停动作。

单脚急停时，为了便于衔接下一个动作，可采用内刃或外刃，以冰刀的前部切入冰面，形成单脚支撑，完成急停动作。

急转弯

在冰球比赛中，运动员需要不断地改变滑行方向，这种不用转身、急停而变向的方法叫急转弯。在切入、过人传球、身体阻截中经常运用。

急转弯包括双脚急转弯、单脚内刃转弯、压步转弯等。双脚急转弯时，身体向一侧倾斜，两脚同肩宽前后开立，内侧脚在前，用外刃后半部，外侧脚在后，用内刃后半部，切入冰面并向外侧蹬冰，以较小的半径快速急转。

单脚内刃转弯时，以单脚支撑，如向左转，身体左倾，左脚抬起，以右脚冰刀内刃切入冰面滑行。压步转弯时，身体同样向一侧倾斜，两脚交叉压步，分别以内侧脚的外刃和外侧脚的内刃切压冰面。在完成急转弯的同时，还能达到增加速度的目的。

举杆过肩

比赛中为保护队员头部和脸部的安全，不允许队员将杆举过肩部的正常高度。

举杆过肩碰伤对方队员头、脸时，将被判大罚。也不准举杆过肩击腾空球，但守方队员举杆过肩击球进入本方球门应判射中，而攻方队员举杆过肩击球入对方球门则无效。

界墙传球

比赛中，在界墙附近，当同队队员之间传、接球路线上有防守队员时，或同队后卫间互相传球时，经常利用反射角等于入射角的原理，向界墙反弹传球。

运用反弹传球时，要根据传、接球队员之间距离及中间防守队员的位置，选择传球的地点和角度。比赛中，还可向界墙四角圆弧击球，使球顺圆弧转出，以避开对方的截击。

垫射

射门动作之一。指运动员利用球杆触球，使从后方或者侧方射向球门的冰面球的路线、方向、角度得以改变的射门。

罚任意球

比赛中，当进攻队员控制球超过中区红线受到防守队队员来自后面的犯规或在比赛最后 2 分钟内防守队的有意犯规，致使进攻队失掉了得分的机会，均判进攻队罚任意球。

罚任意球时，除罚球队员和防守方守门员外，两队的其他队员必须退到中区红线以后。球放在中心开球点上，罚任意球队员控制后必须向对方球门线方向前进，并一次射门结束罚球。防守方守门员在罚球队员控制球前，必须留在球门区内。

当罚球队员触球后，守门员可移动或用规则允许的各种方式阻止射门；射门不中，罚球即算结束。

钩人

队员用冰球杆钩人，阻碍对方队员前进或由于钩人致使对方受伤，将被判小罚或大罚。攻方控球队员在形成一打零的情况下，被守方队员从后面钩阻而失掉得分机会时，将判任意球。若攻方控球队员面对空门被钩阻而失掉得分机会时，将判射中得分。

倒滑

倒滑是防守中常用的阻截对方的一种向后滑行的技术。倒滑和正滑一样分蹬冰、收腿、下刀和滑行四个阶段，但身体呈坐姿。蹬冰脚由向侧前方蹬冰再向侧方蹬，最后刀跟内旋、刀尖外转结束蹬冰；另一脚外刃着冰并支撑体重，过渡到平刃滑行后，开始用内刃蹬冰。两脚如此交替蹬冰、滑行，周而复始。

倒滑转弯包括双脚倒滑急转弯、单脚内刃倒滑转弯和倒滑压步转弯。倒滑转弯主要运用于转身接正滑、加速或做步幅较大的侧向移动，以阻截对方或摆脱对方。

倒滑急停有"八"字急停、双脚侧急停、单脚内刃急停等，均以冰刀的前半部切入冰面压冰。

射球

又称"射门"。指在冰球比赛中，运动员利用球杆击打冰球使其射向球门，以求得分。射球可分腕射、快射、击射、弹射、反弹射、挑射、反手射和垫射等。

争球

冰球运动术语。第一场冰球比赛，从开始到结束，都要进行多次争球。它是获得球权的重要手段，在攻区争到球后，可直接身门得分，在守区争得球后，既可减少对球门的威胁，又可立即组织进攻。

争球时，裁判员将球抛在两方争球队员的冰球杆之间的冰面上。争球队员原正面向对方端区站立，彼此相距约一冰球杆远的距离，杆刃放在冰上，两腿分立，两脚距离略比肩宽，集中注意力并对本队队员所站位置心中有数，待裁判员一抛球，立即迅速击拍争球，拨球给同队队员。

换人

冰球比赛规则之一。冰球比赛过程中随时可以替换队员且无须请求。替换一般队员或守门员时，被替换的队员只要走到队员席，就可由人数相等的队员上场替换。

弹射

射门动作之一，指在快速滑行中，运动员以短暂的预备动作，用球杆拍刃的前半部击球射门。

越位

比赛中进攻队员控制球时，同队队员先于球进入攻区。判定越位是根据队员的冰刀位置，只有队员的双刀完全超过了蓝线进入了攻区时，

方为"越位"（蓝线越位）。同样，队员不得从自己的守区向位于中间红线前的同队队员传球，否则，将被判为"传球越位"（红线越位）。

越位时裁判员鸣笛停止比赛。蓝线越位时在中区争球点或射球的起点争球；传球越位时在传球的起点或最近的争球点争球。

滞留

指快速转弯接快速起动的技术动作。分为两种，一种是向左滞留，完成该动作时要求运动员身体重心在右脚上，用左脚冰刀内刃刮冰，身体迅速向左转，右脚用力蹬冰，左腿同时做变向快速起动的减速滑行；另一种向右滞留则左右腿动作相反。

蝶式防守

守门员防守技术之一。当对方射门时，守门员以正常防守姿势两脚刀跟迅速外展，以刀尖为支点，双膝跪于冰面上，小腿以正"八"字开角紧贴冰面从而进行防守。

跪挡

指冰球比赛中，守方队员面向进攻者，单膝或双膝跪于冰面上，将球杆平伸于冰面，用球杆或身体挡球，或者用球杆刺扫对方球杆以阻止对方的射门。

冰壶运动术语

旋球

旋球就是在投掷的时候扭动把手，使冰壶带有旋转的前进。

　　旋球的主要目的是击打被障碍球阻挡的对方冰壶，旋转可以使得冰壶在冰道上按照一条弧线前进，从而绕过障碍球而击打对方冰壶。这种投掷方法使得两冰壶碰撞的时候不能形成完全击打的效果，一般都是蹭到对方冰壶到边缘，或者形成轻微碰撞，使其远离中心，同时是己方的壶更接近。

　　另外，旋球的另外一个目的就是直接从侧面击打目标，这样可以使得目标球横向被撞出冰道或者远离中心。避免因为纵向撞击导致对方球被撞出之后行进路线上碰到己方已到位的球。

拉引击石

拉引击石是最基本并最广为应用的射击，即将冰壶石掷在得分区之前或得分区内。

防卫击石

将冰壶石掷在拱线和得分区之间用来防御对手的冰壶石进入得分区。

敲退击石

将冰壶石放在一个或是多个已经存在场上的冰壶石的前面。

通道击石

在两颗冰壶石中间的缝隙叫做通道，当掷石者需要让他的冰壶石通过两颗或是多阻碍石时，他便需要掷出一个通道。

晋升击石

是将一颗在得分区之前的冰壶石，即由射石撞击到更接近得分区的中心。同时这颗射石被晋升到中心石起到卫兵的作用。

晋升移除掷石

一颗冰壶石被射石撞击之后，往后推近并碰击到对方的冰壶石，而使对方的冰壶石被驱离得分区或出局的射击。

精彩击石

若希望将冰壶石掷到一颗卫兵石的后面，或是希望将一颗被保护的很好的冰壶石击出场，有一种方式是将冰壶石丢掷去撞击一颗停在外围的冰壶石，然后让掷石转向朝目标地方向前进。这种射击就属于精彩击石，这种射击通常会出现意想不到的结果。

奉送击石

有两种形式，这两种都牵涉到（两颗、多颗）冰壶石十分接近或甚至靠在一起。一种情况是连接两个冰壶石中心的线，朝向得分区中心或目标区；另外一种情况是两颗冰壶石接点的切线，朝（指）向得分中心或目标区。

削剥击石

当本队处于领先的状况，或是对方的队有一颗冰壶石在得分区中，并被良好的保护着，本队会希望移除在得分区之前的障碍（卫兵）石。这种情况下，这个射击被称为一次削剥击石。

削剥击石涉及到移除一个在得分区之前的冰壶石，而射石和被移除石同时撞出局，而没有进入（经过）得分区，以免造成任何损失。有时，利用撞击推进卫兵石，去移除被卫兵石保护的冰壶石，会是一个好的策略。但是这个策略也有很大的风险，只要一点小小的失误，本队的射石就会留在原地成为对方的卫兵，并奉送对手一个机会再放一个卫兵石或是放另一冰壶石到得分区中。

PART 5 技术战术

冰球技术是指能充分发挥运动员机体能力的合理、有效地完成动作的方法。其基本技术包括起跑、滑行、急停、转身、运球、传接球、抢截、跪挡、杆上技术、射门技术和守门员技术等。只有掌握了冰球技术，才能形成和运用战术，提高和有效地发挥身体训练水平，取得冰球比赛的胜利。

战术方法是运动员在比赛中为了完成整体战术配合而采取的分工配合方法。现代冰球运动的打法是全攻全守型，代替了过去后卫防守、前锋进攻的旧打法。进攻时后卫要积极助攻和打门，同时前锋在防守时更是要积极助守，竭尽全力地去抢截球，从而破坏对方的进攻。冰球运动的基础战术包括个人战术、进攻战术、防守战术、多对少的战术和少对多的战术等。

冰球基本技术

平衡技术

冰球运动的平衡分多种：

（1）站立时的平衡：两脚与肩同宽开立，使重心落在两脚间，保持平衡。注意不要两脚宽分，这样不利于随时起动。

（2）直线滑行时的平衡：直线滑行时重心应落在滑行刀的双刃上，而不要落在内刀或外刃上。要使躯干、腿和踝关节与滑行刀成一直线，并与冰面垂直。

正滑时，重心要落在滑行刀的中部，这样有利于发挥速度。倒滑时，重心要落在刀的前半部。

人体有两个较重的部位，一个是臀部，另一个是胸部。男运动员胸、肩部比臀部重，因此平衡时，要将背挺直，使胸部不要过于前倾，才能使重心保持在刀刃上。注意不要象速滑运动员那样，上体前倾，腰平伸，那样容易失去平衡。

（3）转弯压步时的平衡：重心向转动方向圆心倾斜，其方法是，臀部向内倾斜，而腰以上反向倾斜，内肩高抬，两肩与冰面平行。这种平衡方法称为"反向平衡"，这样既能有适当的向心力，又不至在高速转弯或冲撞中失去平衡而跌倒。

起跑

起跑是指运动员从静止状态或慢速滑行中，所做的突然、快速的加速动作。在紧张激烈的比赛中，起跑通常用来摆脱对方、接应传球、突破进攻、争夺球权或回追防守等。

冰球起跑包括正面起跑、侧起跑和倒滑起跑。

正面起跑

比赛中经常要正面起跑摆脱对方，接应传球、争夺球权和回追救险。

正面起跑是从静止开始，两膝深屈，两脚同肩宽开立，如果挡带球，用单手持杆。

起跑时，重心前移，上体前倾与冰面成45°。如用左腿开始蹬冰起跑，左力旋外与前进方向成87°，左腿爆发用力向后蹬冰。为了增加蹬冰摩擦力和取得牢固的支撑点，用左刀内刃前半部切冰。

蹬冰同时右腿前摆，但提膝不要太高，从而急接近冰面，以便保持身体的前倾姿势，以及获得更大的水平速度。右脚落冰时与前进方向成50°左右。右膝深屈缓冲，并为第二步起跑积蓄力量。前两步都是跑，第三、四步开始滑行。以后逐渐增加滑行步幅，出刀角也逐渐缩小。大约滑30米达到最高速度。

正面起跑易犯的错误是：

（1）前两步蹬冰，脚旋外，导致蹬冰力度不足。

（2）前摆腿提膝太高，易造成身体失去平衡，而且浪费了时间。

（3）第一步就开始滑行，这样势必力度不够，速度提高不上去。

侧起跑

侧起跑常在双脚急停或转弯后，多用于抢球和断球，以及摆脱对方的假动作。

侧起跑从静止或转弯开始，身体侧对前进方向，两脚同肩宽开立，两刀平行，两膝弯屈，上体正直，如向右起跑，重心向右移动，上体向右倾斜。左脚迅速蹬冰后，从右脚上交叉跳过。同时右腿在下侧蹬，使身体向左跃出。左刀落冰要与滑跑方向乖直，接跑第二步，然后身体转向正面，开始前滑。

侧起跑易犯的错误是：

（1）用横迈代替横跳，蹬冰无力。

（2）重心落没有落在前部蹬冰，而是落在了刀刃中部，这样蹬冰效果不好。

倒滑起跑

后卫处于攻区蓝线，对方开始进攻时，必须及时退守，这个时候如果用转身后正滑起跑，然后就倒滑，就不能监视场上情况的变化。但是如果用倒滑起跑，一方面既能观察场上比赛形势的发展，又能以适当的速度回防。

倒滑起跑要求两脚同肩宽开立，用一脚侧蹬，使身体转向侧面90°。再用另一脚向回蹬冰，并接跳跃压步，使背对滑行方向倒滑。

倒滑起跑易犯的错误是：

没先向侧面转体，就开始压步。压步时，内肩过低，这不利于平衡。

滑行

向前滑行是冰球滑行的基本技术，它直接影响着进攻和防守的速度、传接球的速度、运球的速度、身体阻截的效果、滑行中射门的速度，以及能否取得控制球权等。

冰球的滑行技术分为下面几种：

直线向前滑行

直线向前滑行在运球突破，跑位接应，回追对方时都要用到。

初学滑行的人可穿冰刀，带上刀套在地板上或地上走、跑或作滑行模仿动作。这样可锻炼平衡能力和提高腿、踝关节的肌肉力量。

第一次上冰场，可扶着椅子，以防摔倒。在可以控制平衡后，试着走两步，双脚滑行一段距离。滑行时要注意两踝直立在刀刃上，膝关节微微弯曲，躯干从腰稍稍向前倾，但背要挺直。

直线向前滑行的基本姿势是两腿弯屈，膝角在110°~135°之间。臀部下坐，上体稍前倾，高速滑行时在36°~39°之间。背挺直，以利于呼吸和保持平衡。直线滑行分四个阶段：蹬冰、滑行、收腿、放刀。

蹬冰阶段：这个阶段重心要落在蹬冰腿上，蹬冰开始，重心与蹬冰同步向滑行腿移动。如重心移动慢，减缓了蹬冰速度，如移的太快，则减轻了蹬冰的力量，这都不利于滑速。

蹬冰用力开始向下蹬，时间很短，然后用力侧蹬，结束时快速向后蹬。滑行熟练的运动员，向下蹬冰用力小，而侧蹬用力大。

滑行阶段：一刀开始蹬冰，另一刀即开始滑行。滑行时，要保持人体的正中线和刀刃成一直线，并与冰面垂直。为了

向前滑行的队员

顺利作到这一点，要适当外移滑行腿髋。如滑行技术好，滑行呈直线，滑行距离长。如滑行技术不过关，重心落在刀刃上，滑行呈弧线，滑行距离短，频率虽然快，但是速度慢。

收腿阶段：蹬冰结束后，蹬冰腿利用蹬冰反作用力积极收腿，膝关节屈，大腿带动小腿前提靠向滑行腿。冰刀离冰面不要太高。

放刀阶段：收刀靠近滑行脚开始下刀。下刀时脚不要过于外展。下刀角根据滑行速度而不同，高速滑行时大约在30°左右。下刀开始外刃着冰，迅速过渡到双刃着冰支撑滑行。

除以上动作外，滑行时，还要以摆臂协同用力。在起动接应，回防阻截时可用单手持杆摆臂，而在运球、传球、射门时用双手摆臂。

直线向前滑行易犯错的错误是：

（1）上体前倾较大，使体重落在落在刀尖上，因犁冰而减速。

（2）重心移动太快，导致蹬冰缺乏力度。

（3）腿收不靠拢，导致蹬冰距离过短。

（4）收腿时脚离冰面过高，导致身体容易失去平衡。

（5）侧蹬用力小，后蹬用力大，造成臀部扭转而呈弧线滑行。

（6）肩、胸左右扭动，滑行脚也随之左右摆动，造成"Z"字滑行。

直线倒滑

直线倒滑的基本姿势和直线向前滑行相似，但不持杆手要抬起，以便在阻截时保护自己。如用右脚开始蹬冰，重心从右脚向左移动，臀部向左后方扭动，右脚向右前方用力蹬冰，逐渐向右侧蹬，接刀跟向内转，刀尖拨冰。整个蹬冰线痕呈半月形。

蹬冰时，髋、膝关节充分伸展用力，最后以足关节富有弹力的伸展结束蹬冰。重心移到左腿上，左腿开始滑行。右腿贴冰面收刀，与肩同宽后下刀，外刃着冰滑行。同时，左脚开始蹬冰，如此双脚交替蹬、滑。

短步向前滑行

短步滑行多用在双方门前，队员密集，争夺激烈的情况下，这种情况，用直线滑行很难完成攻防任务。

短步向前滑行和直线向前滑行大体上一致，不过也有自己的特点。短步向前滑行要求身体姿势略高，以便躲闪灵活；滑行步伐不规律，相对较短；移动方向随机应变，出刀角也随时变化；放刀时用双刃或内刃，以便随时蹬冰变向。

短步向前滑行易犯的错误是：

（1）两脚支撑滑行，容易失去平衡，而且速度过慢。

（2）肩前后摆动，使重心离开蹬冰脚，蹬冰滑脱没有力度。

（3）重心落在刀跟，容易将自己绊倒。

（4）直腿滑，导致蹬冰缺乏力度。

转弯滑行

转弯滑行是指改变方向的滑行。在冰球比赛中，运动员往往需要改变滑行方向，这种转弯滑行是不用转身、急停而变向的最快方法，经常在切入、运球切入、过人、传接球和身体阻截中运用。

冰球转弯滑行分为下面几种：

1. 正滑急转弯

当对方运球进攻时，利用正滑急转弯把对方逼到板墙抢截。另外，躲闪对方阻截也常用到急转弯运球。

正滑急转弯是从双脚支撑前滑开始，如向左转弯，左脚向左前移动，与右脚前后开立，但不要太远，重心向左移动，臀部向左倾斜。上体直立，内肩高抬，反向平衡。

同时，胸、肩向左传，转弯90°后，重心移向左脚，用力侧蹬。接压步，这一压步应向侧起跑一样，稍微离开冰面，再继续前滑。

正滑急转弯易犯的错误是：

内肩向内倾斜，在高速滑行时，容易造成滑脱，进而摔倒。

两脚前后开立太宽，不容易接压步加速。

正滑急转弯时，当对方运球进攻时，用急转弯，把对方逼到板墙抢截。用急转弯运球躲闪对方阻截也是常用的有效技术。

2. 倒滑急转弯

倒滑急转弯多用在当后卫跟进到攻区，对方获球权反攻时。由于是从正滑变倒滑后急转，因此能保持惯性速度，并能注视场上情况发展。

进行倒滑急转弯时，从两脚倒滑开始，如向左转，则右脚蹬冰，左膝弯屈。重心向左倾斜，转至一定方向，接作倒滑压步结束动作。

倒滑急转弯时，要防止重心落在刀跟而被绊倒。

3. 单脚内刃转弯

单脚内刃转弯技术容易接向前起跑动作，常在运球摆脱对方和防守顶人时使用，动作方法是：

（1）从向前滑行开始，浮足收回靠近滑行腿，滑行腿膝部弯曲，上体略前倾，体重落在支撑脚上，抬头，杆接近冰面；

（2）如向左转，身体向左倾斜，右脚支撑，左脚抬起，右刀内刃切入冰面；

（3）转弯到90°以后，右腿伸展蹬冰，身体继续向左转90°，开始向前起跑结束转弯。

4. 单脚外刃转弯

单脚外刃转弯常用于速度不大的转身抢球或运球进攻，动作方法是：

（1）从向前滑行开始，浮腿收回靠近滑脚，支撑腿膝关节略屈，杆刃接近冰面；

（2）转弯时，如向左转，身体向左倾斜，头、上体向左转，并带动左腿向左转动，左刀外刃着冰，体重落在左脚外刃上；

（3）转弯结束后，右脚接压步或侧起跑。

在速度不快时，用单脚外刃转弯接压步回防。

下面是滑行技术的练习方法，可以借鉴一下：

（1）直线滑行的平衡练习。走两步后，双脚要支撑滑行一段。这个过程要注意重心落在两脚间，两脚与肩同宽。

（2）用力蹬冰几次后，用单脚支撑滑行6米到9米，这个过程要注意重心落在滑行刀的双刃上，避免用内刃或外刃支撑，保持直线向前滑行。

（3）用力蹬冰几次后，一腿向体前伸出，另一腿半蹲滑行。这个练习是为了发展单腿滑行平衡能力。

（4）单脚支撑燕式平衡滑行，两脚要交替练习。这个练习是为了加强身体的平衡能力。

（5）原地跳起20次，落向冰面时注意缓冲并保持平衡。

（6）原地跳转体90°、180°、360°，落冰时注意保持平衡。

（7）从冰场一端滑向另一端，见到红线或蓝线就跳过去。到另一端后急停，然后接侧起跑，滑回原地。

（8）从冰场一边滑到另一边，接急转弯再变倒滑回到原地。

（9）两人站在一个争球圈上，向同一方向作正滑压步练习。滑几圈后转体变倒滑压步。

（10）两人在两个争球圈上作八字压步和急转弯滑行。向前压步和倒滑压步要变化进行。

（11）一名队员推另一名队员，从一端滑向另一端，被推者犁式停止，给推者施加阻力，这个练习可以发展推者的蹬冰力量。

（12）从冰场一端滑向另一端，在蓝线间直线或压步加速。

（13）五人为一组，从一端滑向另一端。听到信号后，改变正滑或倒滑左右压步的方向，或正滑变倒滑。

压步

冰球比赛中，运动员要有高度的灵敏性和速度，在转弯中不仅不减速，反而要增加速度，为此要学会并熟练掌握压步转弯技术。

冰球压步包括正滑压步和到滑压步。向前运球受阻时，用压步变向绕过对方。利用转弯接压步加速回防或跑位接应。

正滑压步

正滑压步是从向前滑行或转弯开始。如向左压步，重心向左移，臀部向左倾斜。腰、肩则反向倾斜，以产生向心力保持平衡。右腿蹬冰，重心移到左腿，左刀外刃支撑滑行。

左踝要保持与左刀在一直线上倾斜，右腿蹬冰后内收并在左脚上交叉压步。同时左脚在下蹬冰。重心移到右腿着冰滑行，再开始第二个压步。无球时压步可稍加跳跃。

倒滑压步

倒滑压步是从直线倒滑开始，如向左压步，重心向左移动，右腿蹬冰，左膝弯屈，左刀外刃滑行。右腿蹬冰结束，内收并在左脚前横交叉压步，左腿在下伸展蹬冰。

现代冰球压步有跳跃趋势，以爆发式蹬冰获得更大的转动速度。右腿落冰滑行，并开始下一次压步。

另外，上体要正直，观察场上情况多转头，少转肩、胸。每次压步都要使刀跟指向圆心。

倒滑压步时易犯的错误是：

（1）两脚不离冰压步，不能利用体重蹬冰。

（2）压上脚刀尖指向圆心，由于刀横放于冰面，和滑行方向不一致，容易将自己拌倒。

（3）后卫以一定速度倒滑防止对方绕过时，必须随对方左右横移。只有熟练掌握倒滑压步技术，才能保持在对方正面阻截，不被绕过。

急停

急停是运动员从有速度的滑行状态到静止状态的一项技术，常在冰球突然停止、对方队员突然停止、运用假动作、避免越位、躲闪和改变滑行方向时使用，包括犁式急停、双脚侧急停、倒滑急停、单脚内刃急停和单脚外刃急停等。

犁式急停

初学滑冰者，很快就能学会犁式急停，并为其他各种急停打下基础。比赛中，进攻队员向对方门前包抄，抢点打门，当球没传过来时，用犁式急停，在门前等候边线传中打门。

犁式急停从正滑开始，急停时，两刀尖旋内，脚跟旋外，成八字形。两刀前半部切冰制动，重心后移，保持平衡。

双脚急停

双脚急停是最常用的有效的急停方法，适用于高速滑行中的制动、变向，也常用于速度差过人。

双脚急停从正滑开始，蹬冰腿内收靠近滑行腿，适当提高重心，以便转动灵活。两刀同肩宽开立，大约45厘米，双手持杆于体前。在高速滑行中这个阶段大约滑行3米。

头、肩、上体预先转动，带动两腿，髋急转，与前进方向成90°。两脚适当前后交错开立加大支撑面。用外刀内刃，内刀外刃前半部制动。然后，接侧起跑改变方向。

急停时，屈膝，臀部下降，重心后移保持平衡。内肩高抬反向平衡。急停后冰面出现两条10厘米的切痕。

在双脚急停时，易犯的错误是：

（1）没先转头、肩，而是先转动脚，导致自己滑倒。

（2）直腿用刀刃中部切冰急停，急停时身体不稳。

（3）两脚前后错开太宽，给接起跑造成一定难度。

倒滑急停

后卫在倒滑防守时，发现对方有可乘之机，马上急停，用肩、胸冲撞对方，或用杆戳球。

倒滑时，膝关节屈，两脚同肩宽开立，两刀尖旋外成八字形．两刀刃前半部切冰制动。重心前移，背挺直，上体稍前倾保持平衡。接向前起跑结束动作。

倒滑急停易犯的错误是：

（1）由于两脚分的太宽，而减少了身体对冰面的压力，这样就延长了急停的距离。

（2）身体重心落在刀中部，导致身体不稳定，产生跳动。

单脚内刃急停

单脚内刃急停可用于摆脱对方，接应传球。边锋运球不能切入时，用单脚内刃向板墙方向急停，然后接起跑摆脱对方。后卫在底线运球受到阻截时，可用单脚内刃向底板方向急停，接顺底板向回运球，找机会传球。

单脚内刃急停要求从正滑开始，滑行腿适当伸展，提高重心。急停时，先转头、眉，带动滑行腿转体90°，与前进方向垂直。支撑刀内刃前半部切冰制动。屈支撑腿，降低并后移重心，保持平衡。停止后，上体继续转90°，支撑脚蹬冰。浮脚下刀，向回起跑结束动作。

单脚内刃急停易犯的错误是：

（1）用刀刃中间急停，造成的一个后果是产生跳动。

（2）两腿分离太宽，重心远离支撑脚。这样急停后，给接起跑造成一定的困难。

（3）直膝急停，支撑不住因惯性而摔倒。

单脚外刃急停

单脚外刃急停常用来连接下一个动作。

单脚外刃急停要求从向前滑行开始，滑行腿稍伸，提高重心。浮腿靠近滑行腿，急停时，向外转头、肩，带动腿、脚外转90°，与前进方向垂直。支撑刀外刃中部切冰制动。屈膝，重心下降后移平衡。急停后，接侧起跑结束动作。

单脚外刃急停易犯的错误是：

（1）上体前倾太过，因而容易造成身体失去平衡。

（2）急停时屈膝不够，造成缓冲控制差。

转体

转体也是一种变向，这种变向不同于滑行中的转弯，它是一种沿着身体纵轴的转体动作，其目的是观察形势、加快滑行速度、争夺球权、阻截对方队员，以及射门等。

转身包括滑行转身—压步正滑变倒滑、压步中倒滑变正滑、直线滑行中正滑变倒滑、直线滑行中倒滑变正滑等。

压步中正滑变倒滑

防守队员位于进攻队员侧前方时，常用压步转身靠近并面对进攻队员进行阻截，防守队员应尤为熟练掌握，动作方法是：

（1）从正滑开始，做压步转身前，上体垂直，膝关节适当仰直；

（2）压步后，如向左转，则立即伸展右脚向下蹬冰，同时要转头，依次转上体并带动左腿向左后转动，转体180°；

（3）左脚着冰，左腿弯曲，重心落在左脚上，右脚收回，两脚距离与肩同宽开立，开始倒滑；

（4）向右压步转身姿势和向左一样，只是方向相反。

压步中正滑变倒滑中，易犯的错误是：

（1）没有预先转头、肩，这样势必造成转动慢。

（2）左脚在落冰后，而右脚抬起慢，这样容易失去平衡，而致摔倒。

压步中倒滑变正滑

压步转身中倒滑变正滑动作对后卫来说很重要，动作速度比压步转身—正滑变倒滑要快，在比赛中经常使用，后卫队员应熟练掌握，动作方法是：

（1）从倒滑开始，做压步转身前，膝关节适当伸直，上体直立并抬头，双手握杆，两脚靠拢；

（2）如向左转身，则开始向左做倒滑压步；

（3）压步之后，右腿迅速伸展蹬直，略向左转，并以右刀尖为轴，开始向左转身；

（4）先转动头，依次转手臂、肩、上体，并带动左腿外旋转动，与前进方向成180°角后，左刀着冰，左膝弯曲，身体重心落在左腿上，收回右腿，两脚距离与肩同宽放于冰面，开始向前加速滑行；

（5）向右转身和向左相同，只是方向相反。

压步中倒滑变正滑中，很多运动员往往没有预先将头和肩膀转过来，这样就会给变体造成一定的困难，同时也耽误了世间。

直线滑行中正滑变倒滑

为了观察场上情况，后卫正滑回追时，要从正滑变倒滑。前锋跑去接应时，球传在身后，也要变倒滑，在不减速的情况下，接球后再变正滑进攻。

（1）从向前滑行开始，向右转身时，先把重心移到左脚上，收回右脚，靠近左脚，上体垂直于冰面；

（2）转身时，两手握杆放于身体右侧前方，重心向右移动，左刀刀跟向左外转动大约45°，伸展膝关节向下蹬冰，使身体重心提高，以左刀尖为轴，身体开始转动；

（3）头、肩、上体、髋迅速向右旋转，带动右腿转至大约35°后，右刀着冰体重移到右脚上，屈右膝，收回左脚，两脚距离同肩宽立于冰面，开始倒滑；

（4）向左转身和向右一样，只是方向相反。

直线滑行中正滑变倒滑易犯的错误是：

转体前没提高重心，给转体造成一定的困难。

浮腿转动不够，放刀时与滑行方向不一致，身体失去平衡，容易摔倒。

直线滑行中倒滑变正滑

后卫防守时，对方企图从一侧绕过，后卫必须面向对方，这时就要求从倒滑变为正滑以迫阻。

（1）从倒滑开始，如向左转身，则先把重心移至右脚上，左脚向右脚靠拢，右膝略屈，上体正直，两手握杆放子身体侧前方；

（2）转身时，重心向右移动，右刀跟向右外转动大约45°，内刃着冰并伸直右膝，以右刀尖为轴开始转身；

（3）先转动头，依次转肩，带动左腿转动大约135度后，左刀着冰，左膝弯曲，重心落在左腿上，收回右腿，结束转身动作，接着向前滑行；

（4）向右转身和向左一样，只是方向相反。

在直线滑行中倒滑变正滑中，容易滑向对方绕过的方向转体，而向另外方向转体，这样就会给对方传球和控球创造出时间。

跳跃

冰球跳跃技术分为向前跳跃和向侧跳跃技术。

向前跳跃

向前跳跃是边锋从边线运球受到阻挡时，向内线跳跃，直奔球门得分。有时在球杆或摔倒的人身上跳过继续比赛。

向前跳跃要求向前滑行开始，如向左跳，重心落在右脚上。右腿深屈，然后爆发用力伸展蹬冰。蹬冰方向比滑行时用力大，重心向左前上方移动，身体跳离冰面。右膝高反向左前方跨出，两臂上摆协同用力，用左刀全刃落冰滑出。屈左膝，降低重心缓冲，平稳滑行。右腿即时收回，向前滑行。

向前跳跃易犯的错误是，没以向前滑行一样的角度向侧跳出，而是用刀尖直接向上前方跳，因此造成支点不牢固而失去平衡，以致摔倒。

向侧跳跃

向侧跳跃是用以躲开从正面突然出现的阻截队员。

向侧跳跃要求从向前滑行开始。如向左跳，身体重心向左倾斜，右刀内刃稍向左转，然后右腿爆发用力伸展蹬冰，身体与前进方向成90°腾空飞出。同时，左腿高抬向左上方摆动。两臂上摆协同用力。左刀全刃落冰，左膝屈，降低重心平稳滑出。

向侧跳跃时，易犯的错误是落冰时没屈膝缓冲，身体容易失去平衡而摔倒。

杆上技术

熟练掌握滑行技术固然重要，但杆上技术同样重要。一名优秀的冰球运动员全面地掌握各种杆上技术，才能在激烈的比赛中掌握主动权，取得胜利。

杆上技术包括球杆握法、运球、过人、传接球等。

球杆握法

球杆握法是冰球运动最基础的技术之一，其动作方法是：

（1）以灵活有力的一只手握球杆的上端；

（2）另一只手握在距上手约 20～25 厘米处；

（3）肩和上臂要放松，以便快速灵活地做动作；

（4）上手肘关节屈呈 100～120°角，下手臂放松伸直。

运球

运球是指滑行过程中对球的控制，运球包括拨球、推球、拉杆过人、倒滑运球和刀踢球。

1. 拨球

拨球运球便于随时改变运球方向和将球射出，常在过人、晃守门员、准备传球和射门时使用。初学拨球运球时，应从静止开始练习。

拨球时，用滑行的基本站立姿势，在原地拨，目视前方，余光看球。两手适力握紧，上下手距离大约 20～25 厘米，位于腹前。肩和上臂肌肉放松，协调用力。

通过腕的翻转拨球，用杆刃中部将球扣住。要练习短拨、长拨、8字拨、对角线拨，以及体侧、前、左、右拨球。先在原地拨球。原地拨熟后，练习正滑拨球，注意拨球方向要同滑行方向协调一致，即向右滑时向右拨，以加快运球速度。下一步练习转弯和急停时的运球。要用杆始终扣住球，与球运动的切线方向垂直。急停时要先停球，以免球从杆刃滑出。每次练习都要安排一定的拨球，加强手感，建立动力定型，才能在比赛中抬起头来。

拨球中易犯的错误是：

（1）低头看球。

（2）在向左滑时向右拨球，这样会影响运球的协调性和速度。

（3）手腕不翻转，不柔和。

（4）上手持杆放于体侧，这就限制了动作的灵活性。给反拍传、射球造成很大的困难。

2. 推球

推球运球是最快的运球方法，常在前面没有对方队员阻截或离对方较远时使用，包括单手推运球和双手推运球等。

单手推球时，将球拉到体侧，用上手握杆运球加速。杆刃中部扣住球时，如果运球距离较长，腕关节旋外，使杆刃与冰球运动方向垂直推球。在准备传球和射门时变双手握杆。

双手推球时，将球置于下手一侧。比赛时，当前方无人，就将球轻推出，然后加速追上。

单手推运球的动作方法是：

（1）用上手握杆，将球拨到握杆手一侧，球杆伸到前方，杆刃后半部扣住球；

（2）球滑到杆刃的前半部时，略改变杆刃角度，再将球串到后半部，如果运球距离较长，可向外转动手腕，使杆刃与冰球垂直，从后面推球向前滑行；

（3）不持杆手可做摆臂动作，协调配合两腿蹬冰，以便提高滑行速度。

双手推运球的动作方法是：

（1）将球拨到下手一侧，推球向前滑行；

（2）如果无人阻截，可将球向前推离出杆刃，再迅速追上，继续控制球。

无论是单手推球，还是双手推球，要注意用力不要太大，以免将球推出太远，失去对球的控制。

3. 倒滑运球

倒滑运球是一种较高水平的运球技术，常在摆脱对方的抢截并寻找时机传球或组织反攻时使用，动作方法是：

（1）上体直立，抬头，目视全场，用余光看球；

（2）杆刃平放于冰面，甩杆刃中部扣住球，向后拉或拨球（拨球次数要少）；

（3）如向左转弯，压步时，杆刃放在球的右前方，向左后方拉球；

（4）向右和向左动作相同，只是方向相反。

倒滑运球易犯的错误是平行左右拨球，而不向后左右拨、拉，容易丢球。

4. 拉杆过人

拉杆过人是最常用的过人方法。当对方距离自己较远时。拉杆过人动作幅度大，容易绕过。

拉杆过人要求先往反向拨球，然后将球拉到上手一侧单手运球。身体位于防守队员和球之间保护球。拉杆同时，侧滑大步或压步，使自己远离对方，防止冲撞。然后向回急转加压步绕过对方。过人后，用双手控球，以便传球和射门。

5. 刀踢球

抢板墙球时，用刀保护并运球。控球失误再用刀踢到杆上。

进攻队员被逼至界墙附近，可用刀保护住球，先向一侧用刀踢球，当对方来抢时，再向另一侧顺界墙将球踢出。另外有时离对方太近，不能拉杆过人时，可将球拨至刀下，再向一侧踢出，然后再控制住。当球失控落于刀下时，可用刀内刃将球从另一脚后踢出，再用杆接住。在球杆损坏时，也可将杆扔掉，用刀将球踢给同伴，或踢到界墙根挤住。

在刀踢球时，要注意不要用刀尖踢，这样方向不准确。

下面是运球的练习方法，可以借鉴一下：

（1）可以站在冰上或水泥地上拨球，练习横拨、对角线拨、8字拨。要求两肩放松，两腕翻转，杆刃扣住冰球。练习过程中，要逐渐抬头，通过手感控制球，以及快拉杆、接准球等；

（2）运球过障碍练习。每过一个障碍要求作一次拨球假动作；

（3）全队练习。可以在1/3场内，每人运一个球，躲闪遇到的其他队员。练习中要求抬头，以扩大视野深度和广度；

（4）3~5人抢一个球；

（5）一过一练习。人员分两组，分别靠近板墙在蓝线站两排。后卫在中区争球圈站好。在蓝线的一名队员，传球给后卫，后卫再将球传回，然后接球队员过后卫，要求过人后绕到门前打门。两边同时进行。

传球

传接球是完成进攻战术配合的主要手段，也是要掌握的基本技术，只有快速、灵活、准确、熟练的传接球，才能有效地完成进攻战术配合。

传球要注意多进行短传，因为长传被断截和失误的机会多。守区门前的横传一定要谨慎，一般门前有对方就不要横传。在中区一定把球传给领先的同伴，否则他将越位。在守区蓝线附近，一定运出蓝线再传，这样队友可越过红线接球。如果同伴被对方盯住，可不必马上给他传球，要稍控制一会儿，等他摆脱后再传。在攻区一定要看到同伴的球拍再传球，一定不要盲目传球，盲目传球容易被对方前锋接到，打出守区。

传球包括正拍传球、反拍传球、反拍传腾空球、弹球、传腾空球、利用板墙传球、挑球、后留球。

1. 正拍传球

正手传球用得最多，也是最基本的传球方法。动作方法是：

（1）球放在杆刃中部，球拍向前倾斜扣住球；

（2）肩对目标传球，则将球拨到后脚旁，用拍顺冰面向前脚扫球；

（3）重心从后脚移到前脚，球从杆刃中部向前转动，拍尖指向传球方向；

（4）最后向内转动一下手腕，用杆刃贴冰面抽压冰球，使之旋转离拍，顺冰面平稳滑动传出；

若胸对目标传球，是因为同队队员在前面。传球前要把球拨到体侧，用上手后拉、下手前推的动作将球传出。

正拍传球中，要注意抬头看同伴球拍。易犯的错误是球没有旋转，在冰上翻滚，不易接。

2. 反拍传球

反手传球也是经常使用的一种传球方法。

反拍传球是握杆的上手放在体前，将球拨到反拍。传球时，两手相向移动，用腕力，使球旋转离拍。传球时，注意避免不要转体更多。

通常反拍传球多的队，其控球和进攻能力都很好。这是因为传球技术全面，能增加传球的机会和成功率。

反拍传球时，容易上手放在体侧，因此必须转体用力，这样不能向斜前方传，只能横传。另外，遇到反拍传球，不马上传出，而调到正拍传，错过了传球时机。

3. 传腾空球

传腾空球常在超越障碍（如球杆）、把球传给同队队员时使用，另外，控制球的队员想绕过两个后卫时，也可用这种方法将球挑起超越对方，然后追上去继续控制球。反拍传腾空球比正拍相对容易。传腾空球时要将球置于身体侧前方，重心落在前脚上，施用腕力向前方挥动球杆。杆刃向后翻起，拍刃中部触球，球转至拍尖腾空飞行。用力要准确。使球超过障碍就落冰滑向接球队员。

传腾空球时，往往容易直接将球掘起，落冰后乱跳，导致球不易接。另外，还容易让球飞行距离太长，甚至到同伴拍处还没落下，使同伴接不好球。

4. 利用板墙传球

后卫和边锋常利用板墙传球出守区。边锋在攻区蓝线受阻后，顺板墙打入攻区，另一边锋到门后接应。

利用板墙传球可用拉传、弹传、要根据传接队员之间的距离和中间防守队员的位置，选择好传向板墙的角度。重要的一点是从一定角度传向板墙的球将以同一角度反弹出。还有一种方法是利用墙角圆弧，将球传出。

5. 弹传

弹传是一种快速有力地传球方法。在紧逼和混战中，可用来传给离对方不远的同队队员，以及长传。

弹传时，重心落在哪只脚上都可以，一般是落在离球近的脚上。球杆先向后预摆大约10—30厘米，于球的后方，然后用急促的抖腕，使杆刃中部击球，球顺拍转出，顺冰滑到同伴拍刃上。如果传空中球，就更应注意球的旋转，用力不要太大，使球飞行距接球人一半多的距离就应落冰。

弹传中，易犯的错误是：

（1）直接用力击球，没有使球旋转，因此球翻滚离冰飞行，让同伴接不好球。

（2）拍举起太高，延误传球的时间，给对方防守创造了时间。

6. 挑球

挑球是后卫为防止对方断球，将球挑起飞出守区。

挑球时球放体前，重心落于后脚，用杆刃前半郁触球。两臂向上用力，快翻手腕。重心移向前脚，顺势向上挥拍，将球挑起，指向目标。后拍挑球时球从后脚挑起，比正拍更容易。

挑球要注意，要快速翻起手腕，如速度不过，球将挑不起来。

7. 后留球

后留球多见于交叉二打一时用后留跟进打门。

后留球时，控球队员滑向防守队员距其 3 米左右时，将球放在体侧，跟进队员接球。留球后应挡住对方，给同伴取球创造条件。

后留球易犯的错误是没有把球放在身后，而扫向队员，使同伴判断错误而传出。

接球

接球是战术配合的一个重要环节。接球包括正拍接球、反拍接球、冰刀接球、用杆柄接球、接腾空球。

1. 正拍接球

正拍接球是最基本的接球方法，只有熟练地掌握正拍接球，才能掌握好其他较复杂的接球方法。

正拍接球前，两手适力握紧球杆。两肩放松，杆刃平放在冰面上。抬头看准来球的方向、速度、以便更好地接球。还要观察同伴的位置和对方球门的漏洞，以便接球后马上传出和射门。

接球时，如在原地接，要使杆刃与来球方向垂直。将杆刃向来球方向伸出杆刃接触球后，手腕用力使杆刃扣住冰球，并缓冲以防弹出。如滑动中接球，拍刃与来球方向成一定角度，使球顺移动方向运行。

如果传球落后，需急停接球。如传到脚下，要转体调正位置接。如传的离身体较远，可将杆伸出，跪下一只腿，或跃起接住。

正拍接球，易犯的错误是：

（1）杆刃没有伸出缓冲，导致接球不稳。

（2）接球前对场上情况了解得不够，接球后处理球迟缓。

2. 反拍接球

反拍接球很重要。队员的反拍接球技术如果薄弱，就可能在比赛中失去球权，贻误良好的战机，甚至造成不利局面，因此反拍接球非常重要，其动作方法：

（1）和正拍接球基本相同，两手握住球杆，手腕要灵活自如，两肩要放松；

（2）杆刃与来球方向垂直，接触球拍时向后缓冲，并扣住球；

（3）注意用杆刃的后半部接球，如果用前半部，球就会顺着弯曲的杆刃前半部向前反弹出去。

反拍接球易犯的错误是用杆刃前弯曲部位接球，使球向前弹出失去控制。

3. 冰刀接球

冰刀接球就是当球传到脚下时，用冰刀接球，以便继续运球和射门。

冰刀接球分两种情况，一种是当球传到脚下，可用外侧刀内刃把球挡住，并反弹到杆刃上。这情况注意不要踢球。

另一种是如果球传到脚下，可用内侧刀外刃把球挡住，并反弹到前面球杆上。注意也不要踢球。

4. 用杆柄接球

杆柄接球的动作方法是：

（1）当球传到前方较远处时，将一膝跪下，将杆柄平放在冰面上；

（2）向前伸出将球接住，再用杆刃将球钩回，然后站起控制球。

5. 接腾空球

用手或用杆来接腾空球是接腾空球的两种方法，要求冰上技术要熟练，接球速度要快、准确，难度比较大。

接离身体较近的腾空球时，用手指接触球，以便缓冲，防止击痛。使球反弹到冰面，再用杆控制住。避免用手掌接，以免打痛和弹远失控，也不要握住球。

当球传到离身体较远时，可用杆刃或杆柄将球截落在冰面上，然后控制住。但是如果球飞过肩高，不要用杆接，否则举杆过肩，比赛停止，重新争球。也可用身体和护腿挡住对方的高传球和射门。

接腾空球，易犯的错误是：

用手掌接球；用手握冰球；举杆过肩接球。这三种方式都将导致犯规。

下面是传接球的练习方法，可以借鉴一下：

刚刚练习传接球时，可先从原地站立开始，然后在慢滑中逐步进行。可先练短传，后练长传。在熟练之后，要在有防守队员的条件下传接。

传球时不仅要看同伴的跑动方位速度和拍刃，还要看对方杆刃、刀、腿间的空隙，使球通过障碍，这样才能练习好。

（1）2人一组，前后各一，顺板墙滑行，利用板墙反弹接球。

（2）2人一组，练习倒滑及转身中传接球。

（3）2人一组，相距10米左右，传腾空球。练习中注意使球旋转离拍腾空。传球力量要让球距接球人2米以外落冰为宜。

（4）2-3人一组，顺场滑行，练习肩对目标拉传、反拍传，或利用全场，交叉跑动传球。

（5）2-5人一组，站立定点传接，练习正、反拍传，传腾空球和直接传球。

（6）5人一组，一名后卫在守区一传给前锋，3名前锋传球进入攻区打门。另一名后卫再取一个球，2名后卫传球到攻区蓝线击球，前锋垫、补射。

射门技术

射门得分是决定比赛胜负的关键。一个队在一场比赛中一般射30～40次门，多的可达70次以上。因此，良好的射门意识和快速准确的射门技术是非常重要的。

射门时要移动重心，移动重心可以提高射门的速度。射球的高度取决于球离拍时与冰面的夹角和初速度，因此想射低球时，下手腕要旋内，并用杆刃顺冰面鞭打球。要想射高球时，则下手腕旋外，并顺势向上挥拍。

射门最好的区域是门前7米以内的扇形内。因此要养成向球门前切入，取得较好的射门角度的习惯。另外，守门员呆在门区内，射门角度大，队员应多射门。如果守门员向前移动，射门角被封住，就应用晃门得分。

射门通常包括拉射、弹射、直接射门、反拍射门、挑球、垫球、击球、罚任意球等。

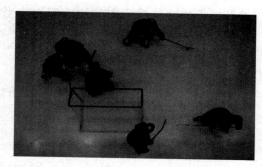

冰球门前激烈角逐

1. 拉射

拉射是最基本的射门方法，在一打零或罚任意球时，用这种射门。拉射分几种情况，如肩对目标射门，先将球拨到后脚前方，用杆刃后半部扣住球。两手适力紧握球杆，凭手对球的重量感控制球。目视球门，寻找机会，一旦起拍就要顺冰面扫球。同时后腿蹬冰，使重心移至前脚。球扫过前脚，顺势挥拍，指向目标。下手腕旋内，使球从拍刃后半转至拍尖离拍飞出。

如想射高球，下手向上翻腕。如射低球，则向下扣腕，使拍尖顺冰面向下扣。如胸对目标射门，先把球拨到体侧，上手迅速用力后拉，下手向前推，使杆转动射球。

拉射易犯的错误是：

（1）眼只盯着冰球，而不看球门，导致盲目射出。

（2）后腿不蹬冰，不移重心，导致射门缺乏力度。

（3）胸对目标射门时，上手开始离身体太近，这样势必会限制动作的发挥。

2. 弹射

弹射是现代冰球得分最多的方法之一。特别是前锋必须熟练掌握，在对方门前才能突然起拍，也可用来打快拍。

弹射主要施用腕力，其特点是没有拉杆的缓慢动作。弹射时，重心可放在前脚、后脚，或放在两脚之间，取决于球靠近那只脚。弹射时，下手握杆比拉射稍低。两腕向后翻转，球杆先向后摆30厘米左右，杆刃平行于冰面，然后向前加速挥拍，当杆刃接触球的瞬间，突然用力屈腕扣压球，以增加弹射的力量和速度，使球从杆刃的后半部转向拍尖离拍飞行。

射门的高度取决于下手向上翻腕的程度，射门的方向取决于上手前后的位置和球杆转动的角度。

弹射中，易犯的错误是：

（1）弹射时向后举拍太高，延误时间。

（2）弹射前把球拨向前方，而不向身体附近横拨，导致射门缺乏力度。

3. 直接射门

直接射门是最快、最有力的射门方法，其方法如下：

（1）握杆的下手向下移动 10 ~ 15 厘米；

（2）将球放于两刀之间身体侧前方，先看击球目标，然后看球；

（3）上体向后转动，将杆向后上方举起，两膝略屈，姿势要低；

双方在球门前争抢

（4）两手紧握球杆，下手手腕固定，从后向前迅速挥拍，杆刃击在球后几厘米的冰面上，冰面反作用力使杆弯曲变形，产生弹力，然后接触冰球边缘，使球从杆刃后半部向前半部转动；

（5）最后前脚内转蹬冰，使重心后移，以增加向前的惯力；

（6）目视目标，顺势挥拍指向目标，将球击出。

4. 反拍射门

反拍射门方向难以揣测，方向变化大，守门员难以判断和防范，反拍射门多在边线切入或门前补射时应用。

反拍射门开始将球拨至后脚，重心落在后脚上，用反拍将球扣住。射门时，后脚蹬冰，重心前移，腰部转动，两手用力向前扫球。球到前脚时，顺势挥拍，向下翻腕，使球顺冰面离拍飞出。

5. 挑球

挑球即挑射。在对方门前，当守门员跪下或躺下防守时，进攻队员可将球向后拉回再挑起，使之从守门员身体上方飞入球门得分，这就是挑射。

挑射多用在当对方守门员横躺在门前，射门队员离门较近时。

挑球时，重心始终落在后脚上，而球在前脚附近。两腕突然向上翻转，顺势向上挥拍，使球从对方守门员身上飞进球门。要引起注意的是，即使守门员被晃过，也要用力挑球，否则守门员会用球杆将球戳掉。

后卫击球时，有意击向前锋，前锋用杆改变球的方向即为垫球。垫球要比后卫直接击门命中率高。

挑球时，要注意要让球在拍上旋转起来，否则，球将不易被挑起。

6. 垫球

垫球是前锋在对方门前，后卫在蓝线，有意识地击冰面球，让前锋用拍刃改变球的方向，使对方守门员判断错误而得分的巧妙方法。传球队员要和垫球队员默契配合，做到球到人到才能奏效，击球要准并顺冰面。垫球不要太高，并用力向门内推球。

垫球中，要注意不要过早在门前伸杆等球，这样容易被对方架起杆。也要注意，不要让杆刃倾斜过大，这样容易使球高飞离门。

7. 击球

击球是最有力量的射门方法，是后卫常用的得分和协助得分的方法。

击球时，将球向前推出一米左右，然后看准目标，将杆向后上方举起至肩高，下手向杆下滑动 10～15 厘米向前挥拍。两手握紧杆柄，用杆刃后半部击球后方几厘米的冰面，使球杆变形，产生弹力，然后接触冰球。球从杆刃后半部转向前半部，重心落到前脚上，前刀旋内制动。使上体继续向前转动，并顺势挥拍，指向目标，将球击出。

击球时，要注意握杆要有力，握杆没有力，击出的球也不会有力度。还要注意，向后举拍不要过慢，这样容易被对方破坏。

8. 罚任意球

罚任意球是从中区争球点运球并保持一定速度，距离球门大约 10 米左右，将球放于体侧，做好射门准备。如守门员缩在门区内，就射门得分。如果守门员滑出封角度，就向侧拨球，然后反向横拨射门得分。

罚任意球要注意使用射门假动作，没射门假动作，会导致守门员不迎出。结果可能是晃门，将球拉向门侧，从而将球射在守门员身上。

下面的射门的练习方法，可以借鉴一下：

（1）每人一球，面对板墙，练习拉射、弹射、反拍射门。

（2）全队在蓝线或红线站好，一个接一个轮流运球射门。前锋多练弹射和晃门，后卫在较远距离击射低球。

（3）队分两组对角站二排。二人一组，传接进攻区蓝线后，一人射门，另一人补射。

（4）将队分成两路，蓝线站好，一人传球，另一人直接弹射或击球。

（5）三个前锋一组，中锋将球打入攻区，一名前锋快滑将球拿到，再回传给中锋，中锋横传给另一边锋，边锋直接射门。

假动作

急停、起跑假动作

急停、起跑假动作多数用在运球队员被对方逼至界墙附近时。

方法是当防守队员随后紧追不舍时，运球队员先向一侧加快速度运球。当对方逼近时，突然急停或急转，改变方向，并立即起跑摆脱对方。

急停、起跑假动作过程中，易犯的错误是：

急停过早，对方没跟过来，结果停止并转身后正好同对方相遇。

急停后没有马上起速，被对方纠缠住，错过了摆脱对方的机会。

射门假动作

射门假动作用在进攻队员进入攻区蓝线后，用射门假动作，晃过对方射门。

方法是运球队员进入蓝线后，速度稍减。当离对手3米到4米时，将杆向后上举起，作射门假动作。当对方减速封挡时，立即拉杆，快速运球绕过对手。

射门假动作中，要注意的是举杆后再放下拉杆，运球动作不熟，衔接不连贯，结果丢球。

晃动假动作

晃动假动作方法是运球队员全速滑向对方，距对方3米左右时，上体突然向一侧倾斜（球仍在原来一侧），给对方感觉要从这侧过人，并向这侧移动时，快速从另一侧绕过。

在作身体假动作时，要讲究技巧，如果伪装做的好，即使头稍摆动一下，也能引起对方过早行动，这样就容易绕过对方。

在作身体假动作时，易犯的错误是假动作前减速，假动作慢，容易被对方识破意图。

诱球假动作

诱球假动作往往用在过人和晃门时。

用冰球作为诱饵，先将球拨于一侧，诱骗对方上去抢截。等对方上前抢截后，再迅速将球拉到另一侧，同时加速绕过对方。如果对方又随球移过来，可将球从其两腿之间移过，再绕过夺回球。

诱球假动作中易犯的错误是：

球开始没放在体前，而放在体侧，这样不便作假动作。

没有正面对防守队员运球，只能从一侧强突，这样不利于假动作的实施。

速度差假动作

速度差假动作常常用来绕过静止站立或滑行速度慢的防守队员。

方法是用很快的滑行速度接近防守队员，当距其3米左右时，突然向一侧拨球，并全速滑行绕过对方。

在速度差假动作过程中，要注意避免接近防守队员的速度太快，使对方提前加速退守。

抢截技术

抢截技术是破坏对方进攻十分有效的技术，抢截技术的好坏取决于滑行技术的掌握程度、抢截动作的速度和力量、抢截的时机，以及勇敢顽强的精神。

抢截技术分用杆抢球和合理冲撞两类。用杆抢球又包括勾球、挑杆抢球、压杆抢球、戳球、鱼跃戳球。合理冲撞分肩部冲撞、臀部冲撞、向界墙挤贴。

用杆抢球

用杆抢球是依靠熟练的滑行技术和杆上技术从对方手中抢球，或者破坏对方进攻的方法，包括勾球、挑杆抢球、压杆抢球、戳球、鱼跃戳球等。

1. 勾球

勾球抢截是从后面或侧面向带球人进行抢截，抢截时，要寻找好时机，动作方法是：

（1）靠近对方一侧的腿屈膝蹲下，伸出手臂，把拍刃平放在冰面上；

（2）向靠近自己的一侧扫球，也可使杆平行于冰面向外侧击打，然后抢截球；

（3）后卫在倒滑防守时，对方队员从外侧绕过去，后卫要面对他做转身动作，尽可能靠近他，然后蹲下，用勾球抢球，把球从他的拍上勾向自己。

用杆抢球易犯的错误是：

（1）抢截时机选择得不好，导致抢截不成功。

（2）拍刃投放平，造成漏球。

（3）扫球方向不对，没扫着球而扫倒人，造成绊人犯规。

激烈争球

2. 挑杆抢球

挑杆抢球是对方在前面运球时，追赶上去，用杆从下向上将他的杆挑起，然后拿球。

3. 压杆抢球

压杆抢球是用杆刃压对方的手套或球杆，使其失掉球，然后迅速上去抢球。抢球时，注意不要重击或连击。

4. 戳球

戳球抢截是常用的、有效的抢截方法之一，所有队员都可以使用，特别是多被前锋、后卫、守门员用来破坏对方的运球。

戳球时，目视对方运球队员，用余光看球，单手持杆，屈肘，另一手抬至胸前。当运球队员靠近时，突然用力伸臂，用杆刃戳球，如戳着球，立即上前争夺球。如果戳球失误，马上将杆收回，找机会再戳。

需要注意的是，戳球时，身体重心不要前倾过大，避免失去平衡，被对方绕过。

5. 鱼跃戳球

鱼跃戳球可用在当对方前锋带球绕过后卫准备切入射门时，后卫用这种方式救险。方法是：

（1）戳球时，用力蹬冰，在进攻队员侧方向前鱼跃，目视冰球；

（2）用球拍顺冰面把球从对方拍上戳掉，破坏对方的射门动作。

鱼跃戳球易犯的错误是：

（1）离运球队员距离过远，导致戳不到球。

（2）从后面戳球，造成绊人犯规。

（3）戳球时不看球，导致戳不准。

合理冲撞

冰球规则允许合理冲撞，身体的位置、重心的高低、时机的选择、平衡能力、力量和勇敢精神都直接影响冲撞的效果。

合理冲撞包括臀部冲撞、肩部冲撞和向界墙挤贴。

1. 臀部冲撞

后卫发现对方运球队员企图沿边线绕过，而自己与界墙之间又很近，可用臀部冲撞对方。

（1）冲撞时，身体略前蹲，如向左冲撞，则以左刀为轴，用右刀内刃蹬冰，使身体迅速向右转动，用臀部用力冲撞对方的大腿；

（2）冲撞之后马上去抢球，如果有同伴抢球，可以继续阻截对方。

在国际比赛中往往将对方撞到界墙外边，所以国际规则补充规定：界墙周围要安装有机玻璃挡板，防止运动员受伤。

2. 肩部冲撞

当同队前锋追赶对方到守区蓝线时，后卫可用肩部冲撞，进行二打一。肩部冲撞时，要记住在身体接触之前不允许滑跑两步以上，否则就会被判罚。

（1）用肩部冲撞时要降低身体重心，膝部弯曲，两脚距离比肩略宽，交错分开，上体向前倾斜，但背要挺直，保持抬头，对准对方队员胸部正中进行冲撞；

（2）冲撞时，身体转向侧方，一脚在前，一脚在后，后脚用力蹬冰冲向对方，后刀外转，用内刃前半部切入冰面，不持杆的手上举到头部做保护；

（3）身体接触后，后腿用力向下蹬冰将对方撞倒，然后立即抢球。

肩部撞击易犯的错误是：

（1）横杆推阻造成犯规。

（2）两腿平行开立。这样身体稳定角小，容易失去平衡。

3. 向界墙挤贴

当后卫回追对方运球队员到界墙时，或抢板墙球时，可用向界墙挤贴。

防守队员应先于对方到达界墙。如果落后，就伸手推对方后肩，使其转动而失去控制，并用臀和身体拦住其沿板墙前进的通道。降低重心，两腿宽分。

当垂直向板墙挤贴时，用两手握杆，将杆横于对方臀上，向界墙用力推挤，然后，两腿弓步开立，前膝放在对方两脚之间，后脚旋外用刀内刃蹬冰，挤贴对方，等同伴拿到球后，再放开对方。

向界墙挤贴中，易犯的错误是：

（1）没先于对方到达界墙，致使下一步战术无法继续进行。

（2）没用手推对方转动失控。

下面是抢截技术的练习，可借鉴一下：

（1）一组两人，互相抢球，抢球时用杆戳球、勾球、压杆、挑杆抢球。

（2）两人一组，在争球圈内，甲运球，乙不拿杆，用肩胸向圈上冲撞甲，甲用反冲撞和躲闪以求继续留在圈内。

（3）前锋和后卫分别在蓝线排成两队，一名前锋靠近板墙开始运球，一名后卫在内侧追击前锋。当前锋开始切向球门的刹那间，后卫鱼跃，将前锋球戳掉。

（4）一组两人，甲将球打向板墙，然后上去抢回。乙随之上去向墙挤贴甲。

（5）从冰场一端，一名队员开始运球，过四名在中场阻截的队员。阻截队员要联合起来冲撞阻截改名运球队员。

跪挡球技术

跪挡球分为双腿跪挡技术和单腿跪挡技术。

双腿跪挡

后卫一对一防守，对方中距离起拍时，可用侧躺挡球。在四防五时，对方后卫击球，前锋可用任何跪挡。

如对方从左侧射门，防守队员则头向右侧躺，重心向右倾倒，左腿支持。右脚离冰，身体向右倒下，两腿向左伸出，用护腿、裤衩挡球。挡球后，屈右膝，手扶冰面撑起。

单腿跪挡

当防守队员距离射门队员 3 ~ 6 米时，首先判断进攻队员射门的时机。当其低头看球，举杆并向前挥杆时，即是射门的准备信号，防守队员要马上跪挡。一膝迅速跪在冰面上，背挺直，握杆靠近身体，球杆平放在冰面上。不持杆手举起，手套背向外，保护面部。挡球后立即站起抢球。

侧躺挡球时，如进攻队员从防守队员左侧射门，防守队员要向右侧躺。侧躺时，重心落在左腿上，右脚抬离冰面。身体向右倾斜躺下，两腿向左伸出，用护腿、裤衩挡球和杆。

挡球成功后，马上屈右膝，用臂迅速支撑起立，争夺失落球。

挡球时，不论采用哪种方法，动作都不宜过早，否则可能被对方绕过。

挡球时易犯错误是：

没做到及时判断对方射门意图，挡球动作晚，致使对方射球成功。

挡球动作过早，对方射门假动作晃过。

挡球后，起立动作慢，不能夺得失落的球。

守门员技术

守门员是队内最重要的队员，他的技术对这个队的胜败至关重要。守门员技术包括基本站位姿势和防守技术等。

严阵以待的队员

基本站位姿势

基本站位姿势包括蹲踞式、站立式和蝶式等。

1. 蹲踞式

蹲踞式是一种较低的守门姿势，特点是腿的动作快，两手的动作也要快，便于防守低球，动作方法是：

（1）抬头，挺胸，上体从腰开始前倾；

（2）两腿膝关节深屈并内收，两脚距离与肩同宽，以便保持平衡和向任何方向做动作；

（3）两臂放松，接球手张开，与膝平行放于体侧，随时准备接球。

2. 站立式

站立式是一种高的守门姿势，特点是上体能防守较大面积，动作方法是：

（1）两腿并拢，两膝略屈；

（2）背挺直，上体略向前倾；

（3）手握杆柄中上部，接球手做准备抓球姿势。

3. 蝶式

蝶式站位也叫开立式，动作方法是：

（1）两腿较宽，开立呈"A"形；

（2）背挺直，上体深度前倾，抬头向前看；

（3）球拍放在两腿间，手握球杆宽柄处，抓球手上举张开，做准备抓球姿势。

防守技术

守门员防守技术包括抓球、侧踢球、刀挡球、戳球、半分腿挡球、全分腿挡球、双腿侧躺挡球、蝶式跪挡等。

1. 抓球

抓球常在球射到膝部以上或身上时使用，它对停球和控制球极为重要，动作方法是：

（1）抓手始终张开，保持准备抓球的姿势；

（2）抓到球后，应放在冰上用杆传给同伴或打到门后、板墙角。

2. 侧踢球

侧踢球常在对付侧面的快速低射球时使用，动作方法是：

（1）如果向右侧踢，体重落在左腿上，用力蹬冰，重心向右侧移动，用护腿正面对着球；

（2）向左侧踢和向右相同，只是方向相反。

3. 刀挡球

刀挡球常在防守射底角球时使用，动作方法是：

冰刀转向射球方向，呈90°角，刀刃全部着冰。

4. 戳球

戳球常在对付晃门或混战时使用，动作方法是：

（1）迅速果断地用球拍戳球，完成防守动作，但要保持好平衡；

（2）如果进攻队员从握杆手一侧切入，守门员可以把拍翻过来完成戳球阻截。

5. 半分腿挡球

半分腿挡球对防守阻挡射到两侧的球极为有效，动作方法是：

（1）一腿跪下，另一腿踢出；

（2）身体略前倾，抓手张开准备抓球。

6. 全分腿挡球

全分腿挡球常用来阻挡射到远侧的下角球，动作方法是：

（1）两腿在冰上迅速分开；

（2）同时举起抓手防守射高球。

7. 双腿侧躺挡球

双腿侧躺挡球常在对付晃门及远侧冰面球时使用，动作方法是：

（1）侧躺时重心放在前腿上，后腿离开冰面；

（2）同时重心侧移，两腿向一侧滑倒，一腿压在另一腿的上面，挡手或抓手在上准备防高球。

8. 蝶式跪挡

蝶式跪挡常在对付晃门及冰面球时使用，动作方法是：

（1）双膝内收，两小腿外展，护腿内侧支撑；

（2）背挺直，抓手向上，球拍位于两腿中间；

（3）射球一侧的冰刀必须伸过球门柱。

冰球基础战术

个人战术

接应与跑位

跑动接应的队员，首先要观察运球队员是否有意传球，然后再根据本队的路线，对方的站位，跑到空当接应。在跑动时要主动，突然利用速度差和变向摆脱对方紧逼。

跑位有直跑接应、斜跑接应、跟进接应和跑到第二空当接应，跑到第二空当接应是第一名队员跑动接应，将站位联防的队员引诱离开其防守位置，第二名队员跟随第一名接应队员跑动，传球队员不传给第一名接应队员，而传给背后跑位接应的队员。

盯人

盯人分紧逼盯人和松动盯人。

紧逼盯人就是站好有利位置，贴近对方，不给他接球摆脱的机会。

松动盯人是根据球所在的位置，同对方保持一定的距离，以便随时断截。一般是对离球较近，守区门前的队员采取紧逼。对离球较远，或离门较远，在边角的队员采用松动盯人。

假动作

假动作是用来隐蔽自己真正目的的一种虚晃动作。假动作可分为无球和有球假动作。

无球假动作可分为以下两种：

（1）变相假动作。为了摆脱对方紧逼，接应队员可先向一侧跑几步，突然急停，再向另一侧起速、接球。

（2）速度差假动作。为了摆脱对方紧逼，可先减速滑行，引诱对方也放慢速度，然后突然加速，跑向空位接球，或加速后突然急停。

有球假动作分为运球过人假动作、射门假动作和抢截假动作。

过人假动作是用冰球作为诱饵，先将球拨于一侧，欺骗对方上去抢截，然后迅速将球拉到另侧，同时加速绕过对方。如果对方又随球移过来，可将球从其两腿之间透过，再绕过夺回球。

射门假动作是运球队员进入蓝线后，稍减速。当离对手3~4米时，将杆向后上举起，作射门假动作。当对方减速封挡时，立即拉杆，运球绕过对手。

抢截假动作是当对方运球过人或传球时，先装作从其反手一侧抢球，迫使对方向正手侧拨球，此时突然用杆和身体阻截其正手侧。

进攻战术

进攻战术是指队员或队在比赛中，为了突破对方的防守，把球攻入对方球门所采取的有效方法和手段。

进攻战术包括守区进攻战术、中区进攻战术和攻区进攻战术等。

守区进攻战术

在守区，包括守门员在内，任何队员得到球后都要迅速转守为攻，积极参加进攻。守区进攻有四种战术：

1. 守区进攻战术一

见图1，②号队员得球后直接传给向空当滑跑的⑤号队员，尽量造成一打零的局面。

2. 守区进攻战术二

见图2，先是④号队员控制了球，右边锋⑩号队员向中间滑动插上；同时左边锋⑦号队员向右边滑跑牵扯❷号队员向中间滑动；接着中锋⑤号队员向左侧快速滑跑接应④号队员传球，在可能的情况下④号队员也可以直接传给换位的⑦号和⑩号队员。

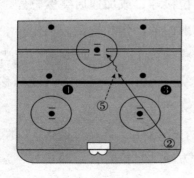 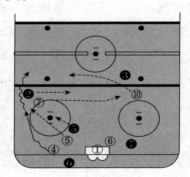

图1   图2

3. 守区进攻战术三

见图3，⑮号队员在门后得球，⑫和⑭号队员迂回接应；⑮号队员

根据情况将球传给⑬或⑭号队员；当⑫和
⑭号队员得球后，⑬号队员应斜插接应，
⑭号队员直接传给⑬号队员中路突破。

4. 守区进攻战术四

见图4，②号队员得球后从门后运球，
然后顺墙角弧传球给③号队员；

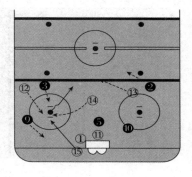

图3

在对方❾号队员阻截的情况下，④和
⑤号队员迂回接应，③号队员斜线传球，
④号队员接球后便从中路突破，如果④号队员只做接球假动作但不接
球，⑤号队员接球则从边线向前推进。

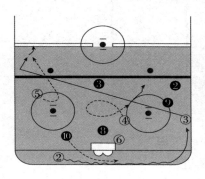

图4

队员传球后快速滑到⑦号
队员的左锋位置进攻区。

2. 中区进攻战术二

见图6，⑩号队员出守
区后在推进中斜传给⑨号
队员，⑩号队员传球后积
极地直线滑行至攻区蓝线
前；⑨号队员接得球后直

中区进攻战术

中区推进一般有直线传球、斜线传
球、交叉换位、回传转移等方法，中区进
攻有六种战术。

（1）中区进攻战术一

见图5，⑧号队员出守区后向前推
进，⑦号队员斜插接应；⑧号队员直接传
给⑦号队员，⑦号队员推进到攻区；⑧号

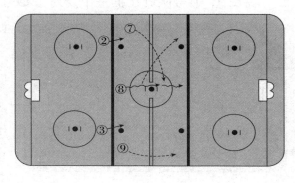

图5

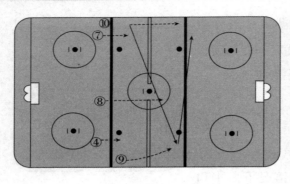

图 6

接进攻区，或再斜传给⑩号队员而进入攻区。

3. 中区进攻战术三

见图 7，⑫号队员出守区后推进时，⑪号和⑬号队员交叉换位；⑥号队员可视情况传给⑪号或⑬号队员，从边线进攻，⑫号队员传球后去替⑪号队员中锋位置。

4. 中区进攻战术四

见图 8，④号队员在推进中受对方❿号队员阻截，将球回传转移给⑦号队员；

⑦号队员根据情况可斜传给⑥号队员，也可传给斜插接应的⑧号队员，由他俩向攻区继续进攻。

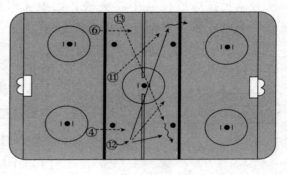

图 7

5. 中区进攻战术五

见图 9，⑭号队员在推进中受对方⓳号队员阻截回传转移给⑰号队员；

⑯号队员迂回接应⑰号队员，⑮号与⑯号队员做交叉跑换位，⑰号队员将球传给⑯号队员从中路推进到攻区。

6. 中区进攻战术六

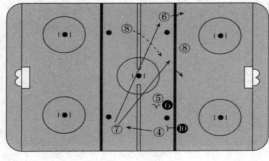

图 8

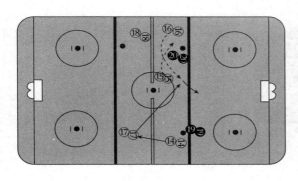

图 9

见图 10，④号队员运球出守区，对方❼号队员紧逼防守；

❽号队员以最快的速度直插接应，④号队员做远距离大斜线或反弹传球给⑧号队员继续向前推进。

攻区进攻战术

推进到攻区后，最主要的是如何将球射进球门，如果找不到射门的机会，要努力将球控制住，按预定的阵形落位，防止盲目地传球。攻区的基本阵形攻区进攻包括 6 种战术。

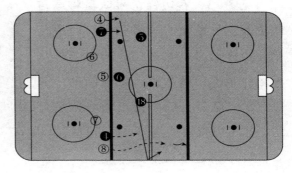

图 10

1. 攻区进攻战术一

见图 11，左锋⑥号队员运球进入攻区后，寻找机会射门；⑤号和④号队员迅速插到门前等待机会补射。

2. 攻区进攻战术二

见图 12，左边锋⑲号队员运球突破进入攻区后向两端区争球圈中间切入，遇对方❷号队员阻截时，将球留给跟进的⑱号队员；

⑲号队员得球后大力击门或将球传给斜插接应的左边锋❷号队员，⑱号队员得球后射门。

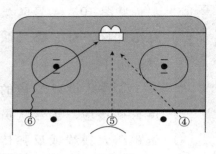

图 11

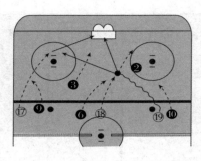

图 12

3. 攻区进攻战术三

见图 13，右边锋⑦号队员将球传给中锋⑨号队员，⑨号队员打门或传给左边锋⑩号队员打门；或者⑦号队员运球至球门区附近，传球给⑨号队员，⑨号队员打门或传给⑩号队员打门，也可以直接传给⑩号队员打门。

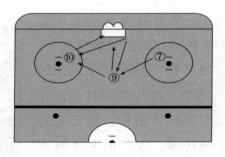

图 13

4. 攻区进攻战术四

见图 14，⑯号队员从边线推进，❽号队员紧逼，⑯号队员将球运到球门线后，中锋⑤号队员迅速插到球门前抢占有利位置接应⑯号队员，并做好准备，接到球立即打门；

如果⑯号队员在门侧没有机会将球传给⑤号队员，就通过门后继续向前运球到另一门侧，将球传给直插上来的⑦号队员打门。

5. 攻区进攻战术五

见图 15，⑳号队员从左路运球，在通往球门后的路上都不能向门前传球，在此情况下便传给后卫②号队员；

②号队员又传给另一后卫③号队员，

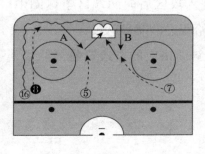

图 14

③号队员直插接球便大力击球打门；

⑪号和⑥号队员去门前补射。

6. 攻区进攻战术六

见图16，⑥号队员顺球门线运球，没有机会传给门前同伴，便直接传给后卫③号队员，③号队员插上接球击门。

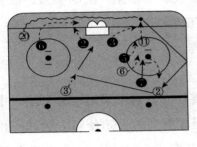 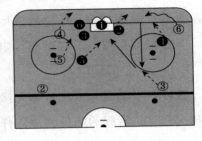

图15　　　　　　　　　　　　图16

防守战术

简而言之，防守战术是指防守队为了夺得球权或保护自己球门不被对方攻破所采取的手段和措施。

防守和进攻相对应，一个队一失去球权就处于防守状态，防守不是积极地退让，也不意味着等待进攻，它是有阵形的积极抢截方法。运动员要掌握好滑行、冲撞、杆抢球等技巧，才能更好地履行各区域的防守。

防守要根据本队的情况和对方的特点制定防守战术。全体队员必须明确自己队的防守战术。场上队员必须清楚自己的防守特点和弱点。而且都要参加防守，前锋帮助后卫，后卫帮助守门员，形成一个完整的防守体系。离球最近的队员果断上去阻截，其他队员迅速监守离自己最近的队员，从攻区进行积极抢截，延缓对方进攻速度。

另外，防守队员要不间断地干扰对方运球，使其没有射门的机会。要避免在门前争夺，门前紧逼时，应将球打到边角或造死球。有可能拿到的球，要尽可能去拿，不要随便打给对方，反而要组织进攻。

当门前只有自己时，不得擅离职守，放弃门前到边角去纠缠。还要注意在多打少或对方用控制出守区时，不采用盯人防守，而应采用联防。

有四种防守阵形比较常见：

前场阻截

在前场阻截时要小心应对，防止偷袭。要根据攻队的实力，己方队防守能力、比赛时间、比分等选用防守战术。

下面简单介绍一下四种前场阻截阵形。

1. 1—2—2 前场阻截

遇对方强于本队或比分领先接近终场时，通常采用这种打法。中锋是第一个向前阻截的队员，他的任务是干扰对方，迫使对方运球或传球失误。如被对方甩掉，两锋就是回追各自的对方前锋。两后卫前后排列，选择阻截地点。对方在球门后控制球，中锋不要去门后追逐对方。而应停在门前大约 5 米处。

2. 2—1—2 前场阻截

这种阵形能迫使对方造成很多失误。从心理角度来看，这种积极地防御凶猛的抢截，能使本队产生士气倍增，从而压倒对方。

左锋是第一个突前的队员。他的任务是冲撞对方运球队员。中锋在他后面 5~7 米，如果对方失掉球，可立即起速去拿球。要引起注意的

激烈角逐

是，这个左锋常出现的错误是，深入底线太快，球一旦被传出，他将被甩在底线。

如果左锋被过，中锋可向前阻截对方。右锋是站在通道上的前锋，他有断球和随时准备回防的任务。左卫在蓝线内 3 米处，压迫对方前锋，不让他

将球传出蓝线。右卫在蓝线外防止偷袭。

3. 2—2—1 阵形

这种阵形对弱队比赛或暂时失利，准备挽回败局时使用。

右锋和中锋在一侧抢截，一个目标是人，一个目标是球。如果抢漏，两名后卫和左锋回防。如果球转移到左侧，左锋和左卫向前阻截，右卫、中锋、左锋回防。

4. 2—3 前场阻截

两名前锋盯住对方两名后卫，两名后卫和中锋在攻区蓝线和红线间截球。这种方法对于打快攻的队效果不错。

中区防守

中区防守的天然防线是守区蓝线。如果有前锋回追对方控球队员，后卫必须坚守在蓝线上，一定不要弃阵后退。

中区防守最常见的类型是1—2—1的中区防守。两边锋保持在进攻队前锋内前方1～3米处。如果对方两名前锋交叉换位，守方两锋不要尾随，而应按自己回防的边线撤回。

不论何时后卫只要看到自己的边锋在回追对方运球队员，就要果断地用身体冲撞对方。这时边锋去拿球组织进攻，后卫如撞漏，边锋代替后卫回防门前，中锋和另侧后卫从中路回离盯人，断球。

守区防守

只要攻方控制球权，防守队就必须保持在防守位置上。在遇到一对一、一对二、二对三时，不要用身体冲撞，而应等同队队员追回时，再紧逼盯人或冲撞对方，注意不要退离球门太近，到射门有利区时就应停止退守，防止对方近射得分。

守区防守有三种阵形：

1. 守区2—1—2防守

防守阵形是两边锋盯住对方后卫，两个后卫看住对方两边锋，中锋看对方中锋。右卫到底线阻截对方边锋，中锋看门前对方中锋如右卫撞漏，对方边锋返到门前射门，则中锋丢下对方中锋，交由本队左锋防守，去补防对方控球边锋。如后卫冲撞成功，中锋就去拿球组织快攻。

2. 守区 1—2—2 防守

右卫下底线阻截，右锋下底线食球，和后卫形成二抢一局面。门前左卫和左锋联防。中锋盯住对方有球侧后卫，如果球转移到左侧，左卫和左锋下底线二抢一，右卫和右锋防门前，中锋换防另侧对方后卫。

这种防守阵形需要注意，进攻一但结束，马上转入防守。在守区只准一名后卫下底，另一名后卫务必固守门前。还有，后卫要注意保护守门员。不要挡守门员视线或同守门员抢球。后卫要挤开对方队员架起球拍，使守门员顺利地抓球。

以少防多

以少防多的运动员要求：

（1）前锋是个优秀的阻截能手，滑行能力强，而且争球能力还要强。

（2）后卫要一对一防守能力强；体力强壮，能把对方从门前清出。此外，反应还要快，分析能力要强，空间感要好。

"四打五"分为：守区防守、中区和攻区防守。

1. 守区防守

当对方控制球时，最常用的是"方形"。四名队员用方形来保护球门，当球向门前发展时，方形缩小。当球被对方控制时，方形扩大。方形防守中最薄弱的地方是门前，球对底线由对角边锋来防守门前。

这个方形如果能保持好，一般不易被攻破。

在守区抢到球后，方形因战局转变而瓦解。这时防守一方要做好两件事，一是运球或击球出守区解围；二是制造死球。

要注意的是，防守队员少打多在守区决不可带球过人，另外在底线向外打死球也易被对方后卫断球。

2. 在中区和攻区防守

守队把球打到攻区底线后，可采用两种阻截阵形：

1. T形阵。第一名前锋向前阻截，迫使对方传球。第二个前锋阻截对方接应队员，然后第一名队员撤回到中间防守。

2. 紧逼阻截。在同控制进攻能力弱的队比赛时，采用紧逼，能打乱对方的阵脚。此时两名前锋靠近一侧，紧逼对方控球队员，一名后卫靠边板压蓝线，另一名后卫防守在蓝线和红线之间中路。

在攻区和中区抢到球后，本队没有危险的情况下，要尽量拖延时间，掌握球权。可以不进攻，往回传球。在有危险时，守方队员则不要往回运球和传球，当即立断把球打入攻区底线。如果守方在攻区得球，可以射门。

在"三防五"时，一名前锋阻截对方控制球的后卫，如果球传给另一个后卫，前锋因对方中锋掩护不能去防守时，守队后卫应迎出阻挡，迫使对方慌忙射门或传球。

当球打出守区，各队员要尽可能出蓝线防守。一名队员追赶持球队员，但不要冲撞。要少急停。前锋回追时防守中路，中区得球后尽可能长时间控制球。

争球战术

争球时，如果球权没控制在自己队手里，一定要处于防守状态。因此，每次争球后，边锋和中锋都要顶住对方，尽力防止他们轻易越过自己，掩护本队后卫拿球。

争区争球

见图17，两个边锋挡住对方前锋，中锋争球给后卫打门。

守门员退出场，六打五时，前排要站四名队员争球。如果球被对方争去，不要退守，要迎上去抢截。如图18所示。

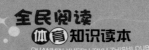

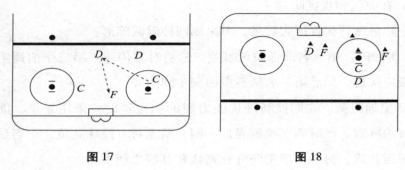

图 17　　　　　　　　　　　图 18

中区争球

见图 19，四打五的争球布阵。

见图 20，中区蓝线争球点争球。后卫盯对方边锋，右边锋拉开在边线接应。当球争给左卫，左卫传给右锋进入蓝线。

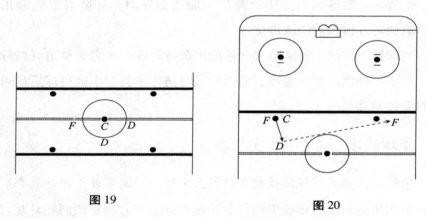

图 19　　　　　　　　　　　图 20

守区争球

见图 21，球被本队争到后，右锋从边线跑到蓝线接应，左卫传球给右锋突破蓝线。球被对方争去。右锋去防守对方控球队员。

守区少打多争球阵式如图 22 所示。放弃对方边线队员，加强门前防守。

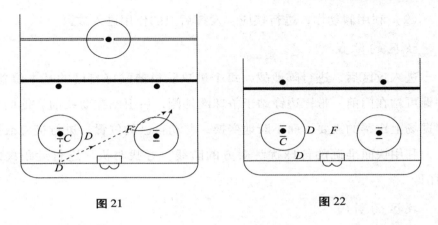

图 21 图 22

多对少的战术

比赛中经常出现犯规而被判罚出场的情况，这样场上队员就形成了以多对少或以少对多的特殊局面。对付这种特殊局面，必须有特殊的办法，这就形成了一种特殊情况下的战术。

在本方队员多于对方的情况下，要充分利用对方受罚的机会，扩大进攻范围，分散对方防守力量，积极主动，不断发动攻势，力争在最短时间内进入攻区，依靠人数多的优势，攻击对方球门，命中得分。

出守区

为了在进攻中有效地利用速度，队员要有个起速过程和活动的出球，所以，采用在守区进行交叉迂回或一侧小迂回的方法，在快速行进中传球、运球或进行个人突破。

进入攻区

出守区后，要采用迅速通过中区的办法进入攻区，以便尽快得分。进入攻区的方式主要采取以下两种。

（1）由中锋或后卫利用出守区的快速运球发动进攻，两侧的边锋同时向前快速推进。待受对方阻截时，将球传给同样快速行进的同伴，利用行进间的速度，从另外一个位置突破对方蓝线进入攻区。

（2）利用假动作，进行接应，发挥后卫的作用进入攻区。

攻区的位置

进入攻区后，进行阵地战，每个进攻队员要站好自己的基本位置，中锋可站在门前一带，边锋站于争球圈外侧，后卫站在蓝线前。他们要根据场上比赛的需要，而不断地变换，移动自己的位置，进行接应或插上，利用快而准确的传球扰乱对方的防线，寻找时机，进行近距离的射门。

攻区的射门

在以多对少的比赛中，常常需要较强的队员上场，要求上场的队员不仅技术熟练，战术意识强，而且射门准确、有力量。这样才能给对方以较大威胁。

下面是常见的几种射门的手段；

（1）边锋将球传给同侧后卫，后卫进行强有力的击门，前锋进行补射或垫射。

（2）后卫的插上接应射门。一个边锋控制球后，利用对方防守的空当，将球传给插上接应的一个后卫射门。

（3）通过门侧三角的传球制造射门机会。

（4）边锋利用果断的过人，逼近球门近射，或将球传给其他更有利射门的队员，然后就行射门。

如果场上出现五对三的情况时，进攻队员应该多利用身体掩护的方式，给同队队员创造近距离射门的条件。

以多对少时，要注意不要无目的地过多传球，这样可减少失误，争取进攻时间。在进攻的过程中，队员之间不要脱节，如果脱节，就失掉了以多对少的优势。要有一名队员在后面负责保护，防止运球队员失误，也便于接应运球的队员。

另外，在攻区，门前不要过于压缩，不然会增加射门障碍，也会给对方造成一防二的条件。

少对多的战术

当场上队员少于对方，出现以少防多的情况时，要派沉着稳定、阻截技术好、能力强的队员参加上场。场上的每个队员都要明确自己的任务，既要破坏对方的进攻，又要防住对方进攻。阻止对方攻门，拖延比赛的时间，守好己方的球门。

攻区的防守

主要是以两前锋交叉，或一个前锋抢截，另一前锋防守中间，两后卫在红线防守的阵形。抢截的队员要进行迂回，将对方逼向边路或挤向界墙，而自己要始终处于行进中，以便回防其他队员，在退守中要掌握好时机进行断截，或在对方接球的同时，用规则允许的合法动作进行冲撞和抢截，破坏其进攻，采取各种手段进行干扰，拖延其进攻时间。

中区的防守

要充分利用守区蓝线，在蓝线上形成一道防线。如果对方进攻速度较快，两前锋应迅速退守，与两后卫站成一线，再退守到守区蓝线。利用蓝线的防守，可以造成对方越位。

另外，防守的力量也比较集中，能给对方的快攻、接应及个人突破都造成很大困难。但防守时位置的移动要快，配合要默契。

守区的防守

1. 守区的位置

对方攻入守区后，队员要按自己的位置，在门前站成方形防守阵形，两后卫分站门前左右，两前锋稍近于蓝线。

2. 守区的防守

防守门前的两名后卫不要轻易离开门前，当有球的一侧后卫逼向对方运球队员时，另一侧的后卫要占据球门前的位置。站在前边的两名前锋，要根据球的位置适当地移动。为了防止对方近距离的射门，可放松对不持球一侧后卫的看守。

从全局来看，无论是攻方的哪一个队员得球，都要立即有一名防守队员出现在他的面前，用身体挡住他通向球门的路线，逼迫他缩小射门的角度。

当对方每次射门之后，或在本方阻截的过程中，本方队员随时都有控制球的可能，等到这时，控制球的守方队员要沉着、冷静、合理而稳妥地处理球。处理的方法有以下几种：

（1）组织假进攻，冲向对方守区，再把球运回或传回，待对方紧逼过来时，再把球打到对方的底线。这样可以拖延更长的时间。

（2）如果有进攻机会，应该由一名或两名前锋进行，至少要有一名后卫沉后，当射完一次球门或进攻失败后，进攻的前锋应立即返回，重新组织防守阵形。

（3）将球打出蓝线，使对方退出守区重新组织进攻，拖延其进攻时间。

（4）将球贴到界墙边上，造成死球，以调整防守阵形，解除混乱。

如果出现三防五的局面时，攻区由一名前锋抢截，延缓对方出守区和通过中区的时间，两名后卫从红线开始回防。守区的位置应成为两种形式的三角形，除两名后卫站在门前左右，一名前锋突前，或一名后卫站门前，两名队员突前。

这两名队员的主要任务是尽一切可能，防止攻方队员做近距离的射门。

以少对多时，要注意当对方发动进攻时，防守队员不要退到某处站立等待，这样容易被攻方绕过。防守的位置不要分散，尤其是后卫和前锋之间不能脱节，这样可以集中防守力量，不给对方造成进攻的空隙。另外，防守的过程中，要注意位置的移动，既要盯住自己所要看的队员，又要替补同伴防守中的漏洞。

冰壶基本技术

冰壶石的握法

冰壶石不光是用手握的，也不光是握在掌系心深处，它需要手指与手掌的密切配合。用力的手指握紧冰壶石控制好持续投石的动作是非常重要的。

投掷技术

由于双方队员掷出的石离大本营中心的个数多少来计算得分并决定胜负。因此投掷技术非常关键。

冰壶运动的投掷技术与其他球类运动的投掷技术不同，是一种新型的投掷方法。

滑行

从本垒开始拿起冰壶向后拖，以反冲姿势将其提离冰面，然后身体随冰壶一起向前滑行。滑行时，身体要贴近冰面，姿势要舒展。

掷出

当滑行速度减慢时，将冰壶掷出，使其继续滑行，越过另一端的栏线。

投掷技术的分解动作是：

（1）脚放置于起滑器上，用冰刷将冰壶底部清理干净，确保冰壶前进时不带杂物；

（2）前后移动冰壶，确定身体与冰壶瞄准目标位置；

（3）拇指向下，其余四指并拢，以虎口扣住冰壶握柄，转向10点钟或者2点钟方向，使冰壶在离手后转向投掷目标；

（4）身体置于冰壶后方，左脚置于体前正下方，右脚置于左边起滑器上，左脚控制投掷时的重心；

（5）右脚用力向后蹬出，向前滑行；

（6）以最舒适的方式掷出冰壶，控制冰壶的速度和力量，保持动作的稳定性和身体的平衡性；

（7）左手握住冰刷，伸向身体左后方，以保持身体平衡。

掷出冰壶的动作要干净利落，身体任何部位均不可超越栏线，力量要适度，力量太大或者太小会导致冰壶出界或者不过界。掷出冰壶之后，手最好呈与人握手状态。

掷出冰壶

刷冰技术

刷冰可以使冰壶滑得更远，也可以使冰壶略转向，而且，刷冰还可以清理冰壶滑行路线上的杂物。

刷冰技术的分解动作是：

（1）投掷队员将冰壶掷出后，两名刷冰队员分别站在冰壶两侧，必要时进行刷冰，直到冰壶停止滑行；

（2）刷冰队员要与冰壶始终保持一步远的距离；

（3）刷冰要以冰壶的正前方为主，因为冰壶只有底部中央的部位接触地面。

刷冰时，两名刷冰队员一定要配合默契；另外，刷冰时注意冰刷不要接触到冰壶。

撞击技术

撞击技术是指将对方停留在营垒内的冰壶撞击出营垒的技术，包括直接撞击和间接撞击。

刷冰的运动员

直接撞击

直接撞击是指投掷冰壶直接撞击对方停留在营垒内的冰壶，将其撞击出有效得分区域。这是一种最简单的撞击技术，动作方法是：

（1）撞击角度由对方冰壶所处位置决定，如果对方冰壶靠近营垒中心，则撞击其正面，如果对方冰壶靠近营垒外侧，则撞击其靠近营垒中心的一侧；

（2）撞击过后，如果因撞击力度不够而造成冰壶滑行距离短或者角度偏差，刷冰队员就要根据具体情况通过刷冰来调整。

间接撞击

间接撞击是指，投掷冰壶撞击到一枚冰壶后转向撞击另一枚冰壶。这是一种最常见的撞击技术，可以利用一枚冰壶同时攻击对方两枚以上的冰壶，是一种极具效率的进攻方式，动作方法是：

（1）投掷队员必须选择好撞击第一枚冰壶的角度和力度，并且在冰壶出手的同时加上一定的旋转；

（2）撞击后，如果因撞击力度不够而造成冰壶滑行距离短或者角度偏差，刷冰队员就要根据具体情况通过刷冰来调整。

冰壶基础战术

战术思想

战术思想是制订战术所依据的总的指导思想，战术原则是制订具体战术方案的准则，两者相辅相成，直接影响着战术的有效性。

冰壶比赛的战术思想体现在以人为主、走位精准和配合默契等方面。

以人为主是指投掷队员排除干扰，不受场上灯光、音响以及对方的影响，积极施展自己的技术特长和打法，形成自己的战术和节奏。

走位精准是指投掷角度准确、撞击位置准确和停止位置准确。

冰壶是一项注重团队配合的运动，特别是投掷队员与刷冰队员之间要配合默契。刷冰队员必须充分领会投掷队员的意图，利用冰刷来调整冰壶在冰面上的运动。

战术原则

冰壶比赛的战术原则包括依靠技术和合理取舍等。

战术以技术为基础，技术水平越高就越能出色地完成战术要求。比赛中的战术运用必须以充分发挥技术特长为前提，而且，只有技术全面，战术才能多样化。

合理取舍是一名冰壶队员必须具备的素质，因为在比赛中经常出现需要自杀壶来破坏对方得分的情况，这时就必须精准地挑选需要舍弃的冰壶，为赢得整场比赛而放弃已经得到的分数。

战术安排

投掷顺序的不同直接影响到战术的安排，所以每一个球队都应该有两种最基本的战术安排，即先投掷战术和后投掷战术。

1. 先投掷战术

冰壶比赛以抛硬币的方式来决定投掷的先后顺序，输的一方先投掷。先投掷时应注意：

（1）第一枚冰壶最好掷到营垒前端，防止对方投掷的冰壶直接将己方冰壶撞出营垒；

（2）防守时，己方的几枚冰壶既要接近营垒又要有一定的分散性，防止对方利用一枚冰壶同时将己方多枚冰壶击出营垒；

（3）进攻时，既要把对方的冰壶击出营垒或使其远离营垒中心，还要保证己方冰壶能有效得分。

2. 后投掷战术

冰壶比赛中，后投掷的一方拥有一定的优势，可以在对方掷出冰壶后直接进攻，比对方多一次进攻机会。后投掷时应注意：

（1）第一枚冰壶多以进攻为主，应由球队里技术水平最高的队员来完成；

（2）投掷第一枚冰壶时，要尽量把对方冰壶击离营垒圆心，并使己方冰壶挡住对方的第一枚冰壶，从而让对方难以把握进攻力度与角度。

战术策略

冰壶比赛的战术运用要根据场上形势的变化而做出相应的调整，但要坚持基本的战术策略，包括挨近、击出和防守等。

挨近

挨近是指掷出冰壶至一定位置，使之贴近营垒内原有的冰壶。例

准备刷冰的队员

如，顺着冰道掷出冰壶，在刷冰队员的帮助下使冰壶停留在营垒中心。

击出

击出是指掷出冰壶至一定位置，将对方营垒内的冰壶击出营垒。例如，用己方的冰壶将得分区域内对方的冰壶击出。

防守

防守是指掷出冰壶至一定位置，以保护得分区域内的己方冰壶不被对方击出。例如，己方掷出冰壶 B，正好挡在己方中心区域的冰壶 A 前面，防止冰壶 A 被对方冰壶 C 击出。

位置选择

比赛中根据战术目的的不同，投掷冰壶应选择不同的击壶角度，使冰壶停留在最佳位置，这将有利于把握比赛局势，取得比赛胜利。通常有下列方法。

吸引

吸引是指将冰壶掷到中心位置附近，吸引对方击打，从而浪费对方一次掷壶机会，同时确保己方其他冰壶的安全。需要注意：

1. 投掷角度

投掷角度一般在冰道中心。

2. 停止位置

停止位置应接近营垒，最好是在营垒中心靠后的地方。

冰壶的停留位置一定要贴近圆心，而且要远离营垒内己方的其他冰壶。

冻结

冻结是指，将掷出的冰壶紧贴着营垒内对方冰壶的尾部，使对方无法破坏己方冰壶。需要注意：

1. 投掷角度

投掷角度应正对营垒内的对方冰壶。

2. 停止位置

停止位置要贴近对方冰壶。

冻结战术目的是阻挡对方已经得分的冰壶，并使己方冰壶的位置优于对方冰壶的位置，而不是将对方冰壶击出营垒，所以投掷力度不宜过大。

击出

击出是指掷出的冰壶将对方冰壶击出营垒，同时己方冰壶也离开营垒。需要注意：

1. 投掷角度

投掷角度应正对营垒内的对方冰壶。

2. 撞击位置

撞击位置的选择取决于对方冰壶所在的位置，一般以对方冰壶的侧面为主。

击出战术目的是将对方冰壶击出营垒，而不必顾及撞击后己方冰壶的位置，因此撞击力度越大越好。

击出并占位

击出并占位是指掷出的冰壶击对方冰壶尾部，使之离开得分区域，并让己方冰壶占据止前对方所处位置。需要注意：

1. 投掷角度

投掷角度要正对对方冰壶的尾部。

2. 撞击位置

撞击位置应在对方冰壶的尾部

投掷力度要适中，力度过小，则无法将对方冰壶击出营垒；力度过大，则会使己方冰壶一同冲出营垒。

击出并变线

击出并变线是指掷出的冰壶击中对方冰壶侧翼，将其击出得分区域，同时利用此次撞击修正己方冰壶的滑行轨迹，己方冰壶占据有利位置。需要注意：

1. 投掷角度

投掷角度应对准对方冰壶靠近营垒中心的一侧。

2. 撞击位置

撞击位置应在对方冰壶靠近营垒中心的一侧。

战术目的是撞击后变线，所以一定要使撞击后的己方冰壶运得到营垒中心附近的得分位置上。

保护

保护是指投掷出的冰壶挡住对方可能的投掷路线，从而保护己方处于有利位置的其他冰壶免受撞击。需要注意：

1. 投掷角度

投掷角度正对己方营垒内的冰壶。

2. 停止位置

停止位置既要保护到己方冰壶，又不可过入营垒。

这种位置选择切忌用力过大，冰壶最终的停留位置一定不要在营垒内。

推动

推动是指用一枚冰壶撞击此前掷出的己方冰壶，使前一枚冰壶能够继续向前移动到营垒内。需要注意：

1. 投掷角度

投掷角度应在目标冰壶的正后方，以便撞击前后的运行轨迹是一条直线。

2. 撞击位置

撞击位置应在目标冰壶的后侧，以便撞击后使目标冰壶继续前进至有效得分区域。

停止位置既要使目标冰壶进入营垒得分，又要使掷出的冰壶对目标冰壶起到保护作用。这种位置选择的目的在于得分并保护已经得分的冰壶，因此冰壶的停止位置一定要靠近圆心且远离己方其他冰壶。

越过

越过是指后掷出的冰壶以弧线的移动轨迹越过己方先前掷出的冰壶，并过入得分区域，使先前掷出的冰壶保护后掷出的冰壶。需要注意：

1. 投掷角度

投掷角度比较特殊，一定要绕过己方已经位于冰道上的冰壶，使冰壶运行轨迹成为一个弧线，这样才能达到理想效果。

2. 越过位置

越过位置应在己方冰壶一侧的最后位置，以便达到最理想的效果。

越过己方冰壶后，一定要与被越过的冰壶保持在一条直线上，使被越过的冰壶成为保护壶。投掷角度要精确，投掷时要带有一定程度的内旋转。

PART 6 竞赛规则

竞赛工作是体育运动的重要组织形式，同时也是一种提高水平的有效途径，因此，组织好竞赛工作对提高运动水平、推动运动发展有着非常重要的意义。有些竞赛规则是一些运动共有的，而有些竞赛规则则是一项运动独有的。无论是对组织者、运动员，还是观众来说，熟知竞赛规则都是参与运动的必要前提条件之一，因此一定要重视竞赛规则。

冰球比赛规则

赛前组织工作

竞赛的组织工作，是决定竞赛能否顺利进行的关键，因此要引起足够的重视。竞赛组织工作可分为三个阶段。

1. 比赛前的准备工作

在准备工作中，首先要成立筹备组织，如果是大规模比赛要成立筹备委员会，任务是讨论决定比赛的组织方案、竞赛规程、组织机构、比赛工作计划等主要问题。

讨论和决定组织方案主要是根据竞赛任务和计划，确定竞赛的组织方案。组织方案是大会一切工作的依据，一般包括下列内容：

（1）竞赛名称和目的任务。

（2）比赛的组织机构：包括组织形式、工作人员、组委会下设的主要部门及负责人名单等。

（3）比赛经费预算：根据实际工作的需要制定预算。一般包括场地修建、器材准备、奖品、交通、食宿、招待、劳务、印刷等费用。

（4）工作流程计划：主要说明竞赛筹备工作分为几个阶段进行，各个阶段工作的内容、步骤、执行部门和负责人等。

竞赛的最高权力机构是组织委员会，它下面设置不同的职能部门，虽然它们在名称或形式上有些不同，但工作内容基本是相同的。

下面是我国冰球比赛的组织形式图表：

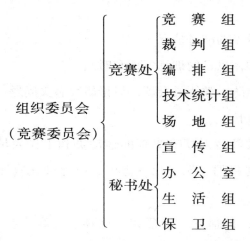

组织委员会
（竞赛委员会）
　竞赛处
　　　竞赛组
　　　裁判组
　　　编排组
　　　技术统计组
　　　场地组
　秘书处
　　　宣传组
　　　办公室
　　　生活组
　　　保卫组

竞赛规程是比赛的指导性文件，是竞赛工作进行的依据。竞赛规程由主办单位制定，承办单位或竞赛组织机构应认真执行。竞赛规程应提前发给有关单位，以便各单位做好参赛或有关的准备工作。

竞赛规程主要包括下列内容：竞赛名称、竞赛的目的、主办和承办单位、竞赛日期和地点、参加单位和人数、运动员参赛资格、报名及报到日期、竞赛办法、竞赛规则、评定名次和奖励办法、裁判员选派、注意事项等。

根据组委会的组织方案、竞赛规程和比赛的主要工作日程计划，由各部门拟定具体工作计划，经组委会批准执行。各部门主要工作内容如下：

仲裁委员会的主要职责是解决竞赛中出现的重大问题。

竞赛处主要工作如下：

（1）编印比赛秩序册，秩序册应包括竞赛规程、开幕式和闭幕式程序、组委会名单、大会工作人员名单、裁判员名单、各代表队名单、比赛日程表、大会活动日程表、成绩记录等。

（2）裁判工作，组织裁判员学习、分工、实习。做好赛前的思想和业务准备。

（3）审查参赛者的资格。

（4）检查场地、器材和设备的准备情况。

（5）安排好各队在赛前和休息日的训练场地和时间。

（6）与办公室联合召开领队、教练员会议，讨论研究有关问题。

办公室的主要工作内容如下：

（1）在整个比赛期间，要注意对所有参赛的运动员和工作人员进行思想方面的教育，明确比赛目的、端正比赛态度，以保证比赛顺利进行。

（2）制定大会活动日程：包括开、闭幕式，比赛，文娱或参观，会议，休息以及其他活动等，要做好具体安排。

（3）组织宣传组做好比赛的宣传和报道工作。

（4）组织总务组搞好生活、交通等工作。

（5）组织医务组准备好医疗用品及人员等。

（6）组织保卫组维持好场地秩序及各项安全工作。

赛间管理工作

比赛期间要做好下面的管理工作。

（1）严格纪律，做到公平竞赛。

（2）组织裁判员及时总结，改进工作，提高裁判水平，保证比赛顺利进行。

（3）及时公布比赛成绩和调研统计材料。

（4）经常对比赛场地、设备、器材进行检查。

（5）督促医务组应做好准备工作，深入比赛场地及时处理所发生的伤害事故，并做好防病、卫生工作。

（6）督促保卫组注意住宿及比赛场所的安全工作，保证比赛的顺利进行。

（7）办公室、竞赛处及各队要经常联系，定期或不定期召开领队或其他会议，及时处理有关问题。

比赛结束后要：

（1）组织召开大会闭幕式，公布比赛成绩，做好发奖工作。

（2）做好裁判和大会各部门的总结工作。

（3）编印比赛成绩册并及时分发下去。

（4）安排和办理好各队离会的有关事宜。

在现代冰球比赛中，作为一次比赛结果的详细资料累计，成绩册无疑是非常重要的。因此，不仅国际比赛，还是国内的高层比赛，也已使用计算机软件来对技术统计资料进行处理，排列名次，编造成绩册。

成绩册的内容和顺序一般是：

（1）每一场比赛的记录表、进球统计、犯规统计、射门次数统计。在世界 A 组和 B 组锦标赛中还有射门位置的场地图式统计、防守统计、争球统计和每个队员的各项技术统计。

（2）在一轮或一阶段比赛后的各队技术统计累计。

（3）全部比赛结束后的累计内容有：①队的比赛结果及名次；②各队射门效率统计；③各队多打少情况统计；④各队少防多情况统计；⑤各队守门员效率统计；⑥各队全体队员的各项技术统计；⑦全部比赛最佳射手得分排列；⑧受罚时间最多和最少的队员排列；⑨最佳守门员排列；⑩全部比赛犯规次数和种类统计。

在现在国际国内比赛中，比赛记录表均采用国际冰联统一的英文记录表。用计算机软件所统计和编印的成绩册，也均采用国际冰联标准的英文标题和英文技术统计缩写符号。

比赛的通则

组成

比赛时每队场上不得超过 6 名队员，即守门员、右卫、左卫、中锋、右锋和左锋。每场比赛每队可出场 20 名队员和 2 名守门员。

队长设定和职责

每队应有 1 名队长和最多 2 名副队长。兼运动员的教练员或领队及守门员不能担任队长或副队长。

只有队长有与裁判员讨论在比赛中出现的与规则解释有关的问题的特权。队长应在运动服的前面显著位置佩带 "C" 字符号，"C" 字符号约高 8 厘米，颜色应与运动服颜色成鲜明对比。如果他没有佩带 "C" 字符号，他就不享有本款规定的特权。

如果队长由于受伤或受罚，另一名在比赛开始之前被指定、并登记在记录表上的队员可以担任队长。

比赛开始之前，各队应把队长和替补队长的名字通知裁判员和记录员。守门员不能担任队长。如其他队员离开座位对工作人员进行抗议和干涉，则判小罚加违反纪律。不是谈 "有关解释" 的事情而是对处罚不满的队长或其他队员也判小罚。

冰球比赛上场的运动员

比赛开始各队领队或教练员应把合法参加比赛的队员和守门员列出名单，每队最多 18 名队员和 2 名守门员。每个队员应在各自运动服的背上佩有至少 25 厘米高的号码。全队所有队员应穿戴有同样颜色的头盔、运动服、裤衩和护袜。如队员不遵守这项规定，则不准其参加比赛。

比赛之前应将合法参加比赛的队员和守门员的姓名、号码名单，交给裁判员或记录员，比赛开始以后不得有改变或增加。每队在场上只能有一名守门员，守门员可以被其他队员替补。这个替补的队员不能享有守门员的特权。

每队的替补守门员在整个比赛中都应在队员席上或紧靠队员席的椅子上，应穿着全部装备准备比赛。两名守门员都被取消比赛资格，允许队员穿戴守门员的装备并记录在记录表上。比赛的两个队的服装颜色很相似容易判错时，如果裁判员要求，主队有责任更换运动服。

即将入场的冰球运动员

运动员受伤的处理

比赛中当队员（守门员除外）受伤或被迫离开冰场时，他可以退出比赛，被另一名队员替补，但两队不能离开冰场而应继续比赛。

如果守门员受伤或得病时，可以立刻被替补守门员替换。裁判员不能因他受伤或有病而浪费时间来等待他恢复比赛。

如果某队的两名守门员都无能力参加比赛，可给 10 分钟时间使另一名队员穿戴守门员装备和做准备活动去代替守门员。在这种情况下，两名正式守门员部不许再参加该场比赛。

替补守门员的队员应遵守对守门员的所有正式规定，并享有守门员的特权。

如果受罚队员受伤，他可以去更衣室而不必去受罚席。如果受伤的队员是受小罚、大罚或取消比赛资格的处罚，该队应立刻派一名替补队员到受罚席代替受罚，并不得更换，除非由该受伤的受罚队员去替换，如违反此规定，将给予该队以队小罚。

因受伤而由其他队员在受罚席上代替他受罚的受罚队员，在他的受罚时间期满之前，不得参加比赛。

当队员受伤不能参加比赛也不能回到队员席时，在该队得到球权以前，比赛不能停止。如果该队在他受伤时就控制球，比赛应立刻停止，如果该队处于得分情况时，则是可以的。

队员明显地受重伤，裁判员或边线裁判员可以立即停止比赛。如果比赛停止的原因是因为有队员（不包括守门员）受伤，那么这名受伤的队员应离开冰面，一直到比赛恢复前不得返回。如果他拒绝离开冰面，按延误比赛判小罚。

比赛的开始和每局的开始

比赛应按规定的时间在中区开球点开球。每局休息后应用同样方式开球。

开球在争球圈开始，裁判员站在圈里，把球落在双方两个相对而立的队员中间。

主队应在比赛开始前选择队员席，开始比赛时应先防守最靠近自己队员席的球门。两队应在每局结束和决胜局时交换球门。

赛前准备活动期间（不超过 20 分钟）和每局开始之前，各队应被限制在各自的一端场内活动，不得进入距中线约 4.5 米的范围以内。

第一局和第二局结束之后的比赛停止期间，不允许队员到冰上做准备活动。如有违反，裁判员应向竞赛委员会报告。

规定比赛开始时间前 20 分钟，两队应退场至更衣室，此时进行浇冰，到比赛开始时间时，由计时员通知双方同时上场。

比赛时间

每场比赛分三局进行，每局实际比赛时间为 20 分钟。

每两局之间休息 15 分钟。每局比赛开始前三分钟，计时员应通知裁判员和两队做好准备。

比赛在室外场地进行时，第三局中间或决胜期中间应交换场地。守门员如果不被替换时，不准去队员席，违者判小罚。

在三局比赛中得分多的队为胜者，并在成绩报告表中记录两分。如果两队在三局比赛中得分相等称为"平局"，每队各得一分。

比赛必须分出胜负时，将加赛一个 10 分钟的突然胜利法的决胜局。如果双方仍没有进球得分，将采用罚任意球的方法决定胜负。

在第一局或第二局的最后 5 分钟出现意外情况延误比赛时，裁判员可命令立即休息，该局余下时间在下局开始时两队不交换场地的情况下补足，然后交换球门立即进行下局的比赛。

在正常比赛或决胜期赛期间，每队允许有一次暂停。暂停时间为 30 秒钟，并只允许在比赛正常停止时进行。由教练指定一名队员向裁判员报告请求暂停。裁判员向比赛计时员报告，由比赛计时员计时，并在暂停时间结束时发出信号。

所有场上队员包括守门员在暂停时间里都可以回到自己的队员席。两队可以在同一次比赛停止中要求暂停，第二个要求暂停的队必须在第

一个暂停结束之前告之裁判员。

冰球比赛阵容

比赛开始前裁判要求时，客队的领队或教练要把比赛开始阵容的名单交给裁判员或记录员。比赛中如果裁判员要队长提出要求时，客队必须在场上排好比赛阵容迅速开始比赛。

比赛开始前，主队的领队或教练员应从裁判员或记录员那里得到客队开始比赛阵容的名单，而后主队也应将开始比赛阵容的名单由裁判员或记录员转交客队。当比赛开始的阵容名单交给裁判员或记录员后，或者在场上排好比赛阵容后，一直到比赛实际进行，都不得改变。如果某队违反这个规定，只有当对方队长在第一局比赛的第二次争球之前向裁判员提出，裁判员才应判犯规队以队小罚。

在比赛停止时，客队应首先替换并迅速在场上排好阵容准备比赛，直到比赛开始不得再换。主队可以在其后替换，但不得延误比赛。如果某队改变阵容时不适当延误了比赛，裁判员应命令该队立刻站好位置，不准改变阵容。

竞赛的方法

冰球的比赛方法，主要有单循环、双循环、分组循环、分组循环与淘汰结合式。

1. 单循环

简单来说，单循环比赛就是参加比赛的所有队之间轮流相遇比赛一次。

单循环比赛轮数和场数的计算：

参赛队数为双数时：轮数 = 队数 - 1

参赛队数为单数时：轮数 = 队数

场数的计算是：

场数 = 队数 × （队数 - 1）/2

如六个队进行单循环赛，共需进行五轮 15 场比赛。

第一轮	第二轮	第三轮	第四轮	第五轮
1—6	1—5	1—4	1—3	1—2
2—5	6—4	5—3	4—2	3—6
3—4	2—3	6—2	5—6	4—5

各队所排的序号，一般以上届比赛的名次为序号，对于首次举办的比赛或邀请赛等，可根据竞赛规程所规定的方法进行编排。

如五个队进行单循环赛，共需进行五轮 10 场比赛。

第一轮	第二轮	第三轮	第四轮	第五轮
1—0	1—5	1—4	1—3	1—2
2—5	0—4	5—3	4—2	3—0
3—4	2—3	0—2	5—0	4—5

2. 双循环

双循环是指所有参赛队在比赛中均能相遇两次。一种方法是按单循环的编排方法重复比赛一次，另一种方法是根据第一次循环比赛的结果，按其名次重新进行一次单循环的编排和比赛。

3. 分组循环

分组循环是把比赛分为两个阶段，第一阶段是把参赛的所有队分成若干个小组（冰球多分为两个组），各组采用单循环的方法比赛，产生各组的名次。

第二阶段是根据各小组的名次，把同名次或相近名次的队编成小组，再进行小组单循环赛。例如把各组的第一名和第二名编到一起进行再循环，产生整个比赛的前几名，把各小组的第三名和第四名编到一起再循环，产生以下几个名次。

冰壶比赛规则

比赛通则

队伍组成

冰壶比赛的各队由 5 名队员组成，其中有 1 名替补队员。

比赛方法

比赛每队出场 4 人。比赛时，双方按一垒队员、二垒队员、三垒队员以及主力队员的顺序，交叉向营垒推滑冰壶一次，之后再进行第二次推滑，每次投一个冰壶石。两队共投 16 个冰壶石，如此方为完成一局比赛。

两队每名球员均有两个冰壶，即有两次掷球机会。两队按一垒、二垒、三垒及主力队员的顺序交替掷球，在一名队员掷球时，由两名本方队员手持毛刷在冰壶滑行的前方快速左右擦刷冰面使冰壶能准确到达营垒的中心。

同时对方的队员为使冰壶远离圆心，也可在冰壶的前面擦扫冰面。刷冰队员使用刷子快速在冰上刷动，以改变冰壶石的滑行方向和速度。四个队员要融为一体，密切配合。

球员掷球时，身体下蹲，蹬冰脚踏在起蹬器上用力前蹬，使身体跪式向前滑行，同时手持冰壶从本垒圆心推球向前，至前卫线时，放开冰壶使其自行以直线或弧线轨道滑向营垒中心。

掷球队员在力求将冰壶滑向圆心的同时，也可在主力队员的指挥下用冰壶将对方的冰壶撞出营垒或将场上本方的冰壶撞向营垒圆心。

比赛一般打 10 局。每一局中，两队交替投完 16 枚壶后，营垒内距中心最近的壶的一方得分。10 局累计分数高的一方获胜。

如果出现平分，可以判为平局。若必须分出胜负，则可通过延长赛来决出。

主将应领导球赛。当队员掷球时，主将应持冰刷，作为掷球的目标物。主将并应指示石球的旋转方向及应滑行之距离，并使队员了解掷球的目的，以使刷冰员决定应如何刷冰，因为刷冰可使石球增加滑行距离，同时减少行进的曲度。

一场比赛需两组石球，每组各八颗，应上色彩以使在冰道另端仍可轻易辨识。传统上，在第一局中，不拥有最后一球掷球权的一队，可选择该队的球色。

比赛计时

一方掷冰壶时，另一方的计时器停止计时。每一方使用时间不得超过 75 分钟，超时方判负。

球员位置

为避免拥挤，比赛规则对于球员的位置也有所规定。

非掷球队：主将及副将可站立于标的端之底线后方，主将也可立于掷球队之主将之后。下一顺位的掷球员可站在后板附近，而其他球员则可站在冰道底端之后或两栏线之间。

掷球队：持冰刷的主将或副将可立于标的端圆心线后方之任何位置。

刷冰规则

掷球方的刷冰员可在两圆心线间为己方任何在移动中的石球刷冰。但在圆心线之后，每队仅有一名球员可为己方之石球刷冰，且仅有主将可为对方的石球刷冰。

比赛流程

冰壶比赛的流程如下：

（1）比赛时，上场 4 名队员，其中一名为队长，队长除参加比赛外，还要指挥本队的技战术运用；

（2）双方共打 10 局，每局双方各掷 8 枚冰壶，每名队员各掷两枚；

（3）第一局的掷壶顺序通过猜硬币决定（猜错者先掷），其他局则由上一局的胜者先掷；

（4）假设双方为 A、B 两队，一局中，如果 A 队先掷壶，掷壶顺序是：A 队一投手投掷第一枚冰壶——B 队一投手投掷第一枚冰壶——A 队二投手投掷第二枚冰壶——B 队二投手投掷第二枚冰壶，依此类推；

（5）10 局比赛结束后，累计分数高的一方获胜。

PART 7 　裁判标准

裁判工作是比赛公平有序进行的重要保障，没有一个完善的裁判工作体系，就一定不会有一场现代化的科学文明的运动比赛。裁判工作琐碎繁复，它要求裁判员要熟知裁判流程。裁判工作还是一项讲究公平的工作，这要求裁判要有一颗为人公正的心，只有做到了公平、公正、公开，才能服众。

冰球的裁判工作

裁判员职责

裁判员的设定

所有国际比赛，每场比赛应有一名裁判员、两名边线裁判员、一名计时员、两名记罚员、一名记录员和最多两名记录助理、两名监门员、一名宣告员。对国际冰联的锦际赛，国际冰联可以要求设有电视录像监门员。

各国协会有权在归他们管辖的比赛中采用两人裁判制。

裁判员的职责

裁判员和边线裁判员应穿黑白条的裁判服和黑色裤子，必须戴黑色头盔。从 1995 年 9 月 1 日起。所有裁判员和边线裁判员需戴护目镜，另外，他们应备有哨子及不短于 2 米的金属带尺。

裁判员应全面控制全部比赛，应在比赛期间（包括比赛停止时）领导所有的工作人员和全部运动员，对有争议的问题作出最后的决定。

在每场比赛结束后，裁判员和边线裁判员要等所有的运动员都进入更衣室才能离开冰场。

裁判员应命令比赛队按指定时间上冰场和开始每场、每局的比赛。如果由于任何原因比赛开始的时间推迟了 15 分钟以上，或者在局间休息 15 分钟后又不适当地延误了重新开始比赛的时间，裁判员应向竞赛委员会报告延误比赛的原因，以及是属于哪个队的过失。

裁判员有权决定测量任何装备。在某队队长提出要求时，裁判员应检查或测量对方任何队员的装备。

裁判员应在比赛开始之前检查计时员、记罚员、记录员和监门员是否在各自的岗位上，并检查计时和信号设备。

裁判员要对违反规则规定进行判罚和对射门得分的争议作出最后的裁决。在对射中球门的争议作出判决前，可以与边线裁判员或监门员商讨。

裁判员应把所有的犯规受罚者、犯规性质、类别和作何处罚报告给记录员。

裁判员应把所有射中者和协助者的姓名或号码报告记录员。

比赛中当球门灯亮了而不判射中时，裁判员应宣布原因。这个判定和宣布应在第一次比赛停止时进行，而不管在球门灯错误地亮了时裁判员做了什么手势。

裁判员应注视双方受罚的队员在受罚席上分开就坐。

在比赛进行中，裁判员由于意外情况离开冰场或因受伤而无法执行职责时，边线裁判员应立刻停止比赛。这时如某队控制球处于得分位置，可以允许该队完成比赛，但如果是明显的严重伤害，应立刻停止比赛。

如果被指定的裁判员或边线裁判员因病未能到场，两队的领队应协商选择一名裁判员或边线裁判员，如果意见不一致，应由主办单位指定其他裁判员或边线裁判员代替工作。如果正式被指定的裁判员或边线裁判员在比赛进行中到场，他们应立刻替换下临时的裁判员或边线裁判员。若被指定的边线裁判员因病或因故不能坚持工作到比赛结束，裁判员认为有必要时，可以指定一人来代替他。

裁判员因病或因故不能继续工作，他应选择一名边线裁判员在比赛的剩余时间里执行他的职责，或由主办单位指定一名裁判员代替工作。

每场比赛结束，裁判员应立即从记录员处拿到记录表检查并签字，然后交还给记录员。

比赛结束后，裁判员应立刻把所有严重违反纪律、特别严重违反纪律和取消比赛资格处罚的详细情况，写在比赛报告上，向竞赛委员会报告。

边线裁判员的职责

边线裁判员的职责是判定下列犯规：

越位

判定越位是根据冰刀所在的位置而不是冰球杆的位置。当两只冰刀完全越过了决定越位的中线或蓝线时，才能判定越位。越位有两种：

（1）蓝线越位：攻队队员在球还未进入对方蓝线前就进入了攻区，此时传球或打球入攻区即造成越位。

造成蓝线越位时，如果球入攻区明显被守队获得，边线裁判员应举手示意"缓吹"，当攻方队员全部退出攻区或守队将球运、传入中区时解除越位继续比赛。

（2）传球越位：当攻队队员将球从自己守区蓝线后传给先于球越

过中区红线的同队队员并被期接得时，判为传越位。

死球

场地中间的红线把冰场分成二等份，人数相等或人数多于对方的队，从自己半场射球或打球，使球直接越过对方的球门线，即为死球。这种情况比赛应停止。在打死球队的守区内距该队最后射球地点最近的争球点争球。但是如果球进了球门，应判射中。在这里，射球队最后与球接触的地点是决定是否出现死球的根据。

有下列情况之一者不判死球，人数少于对方的队打成的死球；如果球在越过球门线之前触及了对方队员身体的任何部位、冰刀或冰球杆；球在到达球门线之前通过了球门区；球在到达球门线之前能够接着而故意不努力去接，使球越过球门线时，不判死球。

球在下列情况时边线裁判员应停止比赛：

球出界

冰球越出比赛场地，或碰到除界墙、玻璃挡板或铁丝保护网以外的碍障物时，视为球出界。

球被非法的人干扰：如队员被观众抱住；观众向场上投扔物件而干扰了比赛。

球门移动

队员或者守门员故意移动球门而延误比赛。当球门一被移动，裁判员或边线裁判员应立刻停止比赛。

在争球圈的越位：所有争球都应根据造成比赛停止的原因而在场上标出的争球点上执行，或在冰场同侧两端区争球点之间与边线界墙平行的想像连线上执行，或在中心开球点上执行。如果争球队员超出自己的标记，则判为越位，应重新执行争球。

替换守门员的早入：守门员离开球门区到队员席去换队员时，替补队员如果在守门员到队员席3米之内以前进入场地，则视为早入。这种情况，边线裁判员立即鸣哨停止比赛。

如果场上出现了队员用手将球击打给同队队员，或出现队员用高杆击了球，而裁判员没有看到时，边线裁判员应吹哨停止比赛。

边线裁判员应负责除比赛开始、每局开始和射中球门后的争球以外的一切争球。

裁判员可以在任何时候让边线裁判员执行争球。

在裁判员要求时，边线裁判员应说明自己对比赛中发生的事件的看法。此外，边线裁判员还应立刻把对违反规则而应判队小罚、大罚、取消比赛资格或违反纪律、严重违反纪律、特别严重违反纪律的看法报告裁判员。

监门员的职责

每个球门应有一个监门员，要求他们不是比赛队的成员。

在比赛过程中不能随意更换监门员，如果在比赛开始后，发现某一监门员明显地偏袒一方或作出不公正的决定，在这种情况下，裁判员可以指定另一名监门员替换他。

在比赛进行中，监门员应位于球门后的保护罩内，以保证不受干扰，他们在全场比赛中不调换位置。

当球从两门柱之间完全越过了球门线，监门员应给予信号。

裁判员对射中球门的争议应作最终决定。决定之前可与监门员或边线裁判员磋商，也可以询问电视录像监门员。

记罚员

记罚员（每个队的受罚席一名）的职责是当受罚队员受罚时间结束，适时地准许其返回到冰场上。如果受罚队员在受罚时间结束之前离开受罚席，他应通知记录员。当受罚队员要求时，他应向其说明需继续受罚的时间。

记录员的职责

在比赛开始前，记录员应从两队的领队或教练员处得到所有合法参加比赛的队员名单和比赛开始时上场的阵容。在比赛开始前，记录员应使双方领队与教练员知道对方的上场阵容。

记录员在收取开始比赛时的上场阵容名单时，应从领队或教练员处得知队长或副队长的名字，并在记录表上该名字旁标上"C"或"A"。这个记录表在比赛结束时送给裁判员签字。

记录员应把得分者、协助者记录下来，并标出哪些队员实际参加了比赛，还应记下替补守门员参加比赛的时间，在记录表上标出守门员离场时的射中得分。

记录员应在比赛记录表上正确记录所有犯规的处罚，包括受罚队员的名字、号码、犯规类别、受罚时间和判罚时间。他应记录下每个判定的任意球，执行罚球队员的名字以及罚球的结果。

记录员检查和保证受罚队员的受罚时间要准确。记录员有责任纠正记分板上出现的受罚显示差错。当记分板上的受罚时间与所记录的正确时间有差异时，应提醒裁判员注意。如果裁判员要求，应将其调准。

记录员要通过广播系统把裁判员报告的得分、射中者和协助者及对犯规的判罚予以宣布。当双方同时犯规时先宣布客队。以上判定如有改变需要用同样方式宣告。在第一局和第二局比赛的最后一分钟、第三局和决胜局的最后两分钟时宣告比赛所剩时间。

记录员还应宣布电视录像监门员的判定：进球或没进球。如果射中无效时，应根据裁判员的报告宣布其原因。

对射中者和协助者的判定不需改变，如果在实际比赛结束之前或裁判员在记录表上签字之前队长提出请求时，可改变。

在世界锦标赛"A"组比赛和冬季奥运会冰球比赛中，由记录员来判定射门的协助者。

队员在一场比赛中受第二次大罚或第二次违反纪律时，记录员应通知裁判员。

比赛结束后记录员应准备好记录表让裁判员签字，并交给竞赛委员会。

计时员的职责

计时员应记录并掌握比赛开始、结束的时间和实际比赛的时间。

计时员应用信号通知比赛开始，第二局、第三局和决胜局的比赛开始。掌握每两局之间休息 15 分钟。在每局的结束、决胜局或全场比赛的结束，在没有自动音响或自动音响失灵的情况下，应用敲锣、摇警报器或吹哨的方式表示比赛的结束。

裁判规定和执行

处罚规定和分类

冰球比赛中，运动员不准用冰球杆打人、杆刃戳人、杆柄杵人、横杆推人、用杆勾人、抱人、绊人、膝或肘顶人、踢人、侮辱对方或干扰对方、干扰裁判等不良行为，此外也不准用手抓球、故意移动球门、故意射球出界、场上人数过多、高杆击球、投扔球杆等，违者根据犯规的性质与程度，分别给予小罚、队小罚、大罚、违反纪律、取消比赛资格、罚任意球等处罚。防守队员可用肩、胸、臂部对控制球的进攻队员进行合冲撞，也要用身体挤贴或阻挡对方，但必须符合规定。

在比赛中，场上若出现犯规情况时，裁判员应首先举手示意。如果球正被非犯规一方控制着，可暂不宣判也不停止比赛，暂缓处罚。此时，非犯规队的球门已得到"保险"，守门员可立即下场，换上一名队员加强攻击力量，出现"六打五"的局面。

当球被犯规队获得时，裁判员鸣哨停止比赛，结束缓判，宣布对犯规队员的处罚。如果场上出现犯规时是犯规队控制球，或出现双方同时犯规，裁判员则立即停止比赛，宣布对犯规队员的处罚。

处罚应在实际比赛时间内执行。处罚有下列几种：

（1）小罚；

（2）队小罚；

（3）大罚；

（4）违反纪律；

（5）取消比赛资格；

（6）罚任意球。

对队员在比赛结束后离开比赛场地以前所判的处罚，裁判员应记在比赛记录表上，并向竞赛委员会报告。

在规则中规定应由领队或教练员指定某队员受罚。在领队或教练员拒绝执行时，裁判员有权指定犯规队的某一队员受罚。

小罚

如队员受到小罚时（守门员除外），应离场受罚两分钟，在这个时间内不允许替补。

"队小罚"是指受罚队的一名队员应离场两分钟。受罚队的领队或教练员可以通过队长指定队内任何一名队员（守门员除外）受罚，被指定的队员应立即到受罚席受罚。该时间内该队场上不得增换人。

当某队由于一个或一个以上小罚或队小罚而造成"人数缺少"时。对方射中球门，则上述那些处罚中的第一个受罚队员应自动结束受罚。

"人数缺少"是指该队在被射中球门时，在场上的队员少于对方队员的数目。因此，双方同样数目的小罚或大罚对同样数目的队员，不算任何一方"人数缺少"。

注意，这条规定也适用于罚任意球得分时。

在同一队的两名队员同时结束受罚时，该队队长应向裁判员指定哪个队员先回到场上，裁判员据此通知记罚员。

当某队员同时受一个大罚和一个小罚时，应先受大罚。

这个规定也适用于同一个队员受双重处罚。

当在同一次比赛停止对每队一名队员判一个小罚，而判罚时两队人数都满额。这两名队员应正常受罚，不允许替补。

除了适用于上一条件的情况以外，对双方同时发生的小罚或双方同时被判同样时间的小罚，这些受罚队员应在受罚席上坐到他们受罚时间结束后的第一次比赛停止。

大罚

队员（守门员除外）受第一次大罚时，应离场受 5 分钟的处罚，在这个时间内不允许替补。

在同一场比赛中，同一队员第二次受到大罚时，或者因横杆推阻、杆柄杆人、高杆、粗暴、杆打人、杆刃刺人、向界墙猛烈冲撞和从背后冲撞而受大罚时，他应在比赛剩余时间里退场，但过 5 分钟后允许替补。

在同一次比赛停止时，双方同时被判大罚和（或）取消比赛资格，或双方同时犯规受同样时间的处罚，包括一个大罚或一个取消比赛资格，可以对这些受罚队员立即进行替补。这些替补不属于暂缓处罚的范围。这些受罚队员应留在比赛内、在受罚席上坐到他们受罚期满后的第一次比赛停止方可离开。

当双方同时判大罚、取消比赛资格的条款适用而两队全部受罚累计时间又不同时，那些引起差别的判罚将按常规方式首先受罚，即应按小罚和暂缓处罚执行。

任何时候两队引起累计受罚时间不同的犯规可以由非犯规队员来受罚。

违反纪律

队员（守门员除外）受到违反纪律处罚时，应离场受罚 10 分钟，但允许另一队员立即上场替补。受违反纪律处罚完了的队员，须在受罚席内等到比赛停止时再上场。

在一名队员同时受一个小罚或大罚和一个违反纪律的处罚时，受罚队应立即派一名替补队员到受罚席受小罚或大罚，并不得改变。

队员在一场比赛中第二次被判违反纪律处罚时，应自动变成严重违反纪律处罚。受"严重违反纪律"处罚的队员，应在比赛剩余时间里退场到更衣室，但允许另一队员立即替补。

受严重违反纪律处罚者，要等到比赛结束后，才能自动结束受罚。另外，竞赛委员会有权力增加该队员停止比赛的场数。

在锦标赛或联赛中，任何队员第二次被判严重违反纪律处罚，他将自动被停止参加下一场比赛。

受特别严重违反纪律处罚的队员或队的官员，应在比赛剩余时间里退场到更衣室。但允许另一队员立即替补。受"特别严重违反纪律"处罚的队员或队的工作人员，在他的事件没有得到竞赛委员会处理之前，不得参加以后场次的比赛。

还有，所有受严重违反纪律或特别严重违反纪律处罚的队员，不管他何时被判罚，都要在记录表上给他记上 20 分钟，如果是队的官员被判特别严重违反纪律，应给他的队记上 20 分钟。在锦标赛或联赛中，任何队员或队的官员被判特别严重违反纪律，应最少被停赛下一场。

取消比赛资格

受取消比赛资格处罚的队员，不准在比赛的剩余时间里参加比赛，应立即退场到更衣室。在经过 5 分钟的比赛时间以后，可以由队员替补上场。受取消比赛资格处罚的队员，在他的事件得到竞赛委员会处理以前，不准参加以后场次的比赛。

当队员被判取消比赛资格时，应在记录表上给他记上 25 分钟。

比赛结束时，裁判员应立即将取消比赛资格或有关情况向竞赛委员会报告。在锦标赛或联赛中，任何队员被判取消比赛资格应至少被停赛下一场。

如果队员在国际冰联的任何竞赛中受到了取消比赛资格或特别严重违反纪律的处罚，组织委员会要立即通知这个队员的国家协会，并尽快递送裁判员的报告。

罚任意球

当一个犯规不涉及到判大罚、违反纪律、严重违反纪律或取消比赛资格，而应判罚任意球时，应由非犯规队选择是执行罚任意球还是给对方犯规队员判小罚。然而，如果这个犯规涉及到判大罚、违反纪律、严重违反纪律或取消比赛资格，并应判罚任意球时，既要罚任意球，相关的处罚也要执行。

遇有犯规需要罚任意球时，要按下列方式进行：

裁判员应宣布由罚球队选派的执行罚任意球队员的号码，然后他应将球放在中心开球点上，罚任意球的队员根据裁判员的指令开始执行罚球，即运球去攻对方球门。他控制球后必须向对方球门线方向前进，并一次射门结束罚球。任何性质的第二次射门都无效，球一越过球门线，罚球就算结束。

只有守门员或替补守门员或被指定作为守门员的队员可以防守罚任意球。

执行罚球的队员触球前，守门员必须留在球门区内，如违反这一条款或有其他犯规时，裁判员应举起手臂示意，并允许罚球进行完毕。如果罚球失败应判重罚。

如果守门员过早离开球门区，第一次警告并重罚；第二次判守门员违反纪律并重罚；第三次判射中一球。

守门员可以用任何方式阻止射门，但不得投扔球杆或其他物件，违者应判射中一球。

判定的任意球应由非犯规队的队长选派该队任何队员来执行罚球，但不包括正在受罚的队员或已被判罚的队员。选派后应报告裁判员，并不得改变。

如果在判罚任意球时，受罚队的守门员已下场正由另一名队员（包括替补守门员）替补，可允许守门员在罚任意球之前回到场上。

罚任意球时，两队的其他队员必须退到中区红线以后靠近边线界墙处。

罚任意球正在进行时，对方队员以某些动作干扰罚球队员使他分散精力，致使罚球失败时，应判重罚，并判干扰者以违反纪律的处罚。

罚球射中球门时，应在开球点上争球；未射中球门时，应在罚球区域内的端区争球点上争球。

罚任意球射中球门，对犯规队员将不予进一步的处罚，但是如果这个招致判罚任意球的犯规达到判大罚、违反纪律、严重或特别严重违反纪律、取消比赛资格的程度。这样的犯规仍应处罚。

如果招致判罚任意球的犯规只够判小罚，则不管罚任意球射中球门与否，小罚免予处罚。如果裁判员示意犯规缓判时正好比赛结束，但造成罚任意球的犯规是发生在实际比赛时间内，应照常判罚任意球，并立即执行。

要注意的是，罚任意球所占的时间，不包括在规定比赛时间或决胜期时间内。

守门员犯规的处罚

守门员犯规受小罚、大罚或违反纪律罚时，都不到受罚席上受罚，而由一名当时在场上的同队队员代替他受罚，这名队员由领队或教练员通过队长来指定，并不得改变。

守门员在一场比赛中受第二次大罚时，还应受一个严重违反纪律的处罚。

守门员受严重违反纪律处罚时，可由一名队员或替补守门员替补。如果替补者是队员，可允许其有 10 分钟时间穿戴守门员的全部装备。

守门员如果受到取消比赛资格的处罚，可由替补守门员或其他队员替补。这个队员可穿戴守门员的装备。然而，根据其他条款所判的应该加上的处罚，包括取消比赛资格仍将执行，犯规队应据此受罚。由犯规队的领队或教练员通过队长指派犯规时在场上的其他队员去受罚。

场上发生打架，此时守门员离开了他的球门区，应受小罚。

注意，对守门员的任何处罚，不管由谁代替受罚，在记录表上都记在守门员名下。

如果守门员在中区红线前以任何方式参加比赛，应受小罚。

暂缓处罚

如果某队已有两名队员正在受罚，又有第三名队员被判罚，他的受罚时间要在前两名受罚队员之一的受罚时间结束时开始计算。但第三个队员一经被判罚，他应立刻到受罚席去，在他的受罚时间开始前可由另一名队员替补他上场。

某队同时有三名或三名以上队员在受罚席受罚，根据暂缓处罚的规定，有一名队员替补第三名犯规队员上场时，在比赛停止前，谁也不能返回场内，要等到受罚结束后，该队已有权在场上超过四名队员（包括守门员）时，可以允许按照受罚结束的顺序返回场内。然而，如果比赛停止了，受罚期满了的队员都可以返回场内。

若同一队的两名队员受罚时间同时结束，队长应向裁判员指定哪一名先进场。裁判员应通知记录员。

同队的两个或两个以上的队员同时被判大罚和小罚时，记录员应将小罚作为第一个处罚记录。

这个规定也适用于同队两个队员受到不同的两个处罚。

处罚的判定

控制球队队员犯规，应立即停止比赛，处罚犯规队员。

争球应在比赛停止的地点进行。如果比赛停止是在犯规队的攻区，应在中区最近的争球点争球。

这里的"控制球队完成比赛"是指球必须被对方队员或守门员控制或掌握，或者球被双方挤住，而不是指球从守门员处、球门或界墙弹离，或偶然接触了对方队员的身体或装备。

如果是非控制球队犯规时，裁判员应举起一臂表示将要判罚，待控制球队完成比赛时立刻鸣哨停止比赛，给犯规队员以处罚。

注意，判罚后的争球应在比赛停止的地点进行。如果由于非控制球队队员犯规而缓判时，控制球队从守区打成死球、在守区造成球出界或无法继续比赛，比赛停止后应在控制球队蓝线外中区争球点争球。

如果缓判的一个或几个处罚是小罚，非犯规队射中球门，第一个小罚将免予处罚，但所有其他的小罚、大罚和取消比赛资格应照常执行。

如果裁判员已示意缓判，在他鸣哨前，非犯规队由于自己队员的动作使球进入自己的球门，则进球无效。裁判员表示缓判的犯规照常执行。

某队由于一个或几个小罚或队小罚而人数缺少，裁判员又对该队示意缓判一个小罚时，在他鸣哨前非犯规队射中球门，则射中有效，缓判的小罚取消，但正在受罚席里的受罚队员应继续受罚。

无论在裁判员鸣哨之前或之后，该犯规队员在同一次比赛中又犯了规，他应连续受所有这些犯规的处罚。

如果有队员在比赛停止以后犯规，应与比赛在实际进行中一样对他进行判罚。

追加处罚

除了根据规则做出的停止比赛的处罚以外，专门的权力机构，在比赛结束后的任何时候，根据他们对出现的与比赛有关的任何事件的调查和判断（包括赛前准备活动期间、更衣室与冰场之间的路上、比赛当中和比赛结束之后），对造成恶果的队员或队的官员给予追加停止比赛的处罚，不论这些犯规是否已被裁判员判罚。

注意，在锦标赛或联赛中，这些犯规应在该犯规队的下一场比赛之前就被解决处理完。各国锦标赛可按各国的规定执行。

不良行为的判定和处罚

执行这条规则，在许多情况下，裁判员对判"违反纪律"或"队小罚"可予以选择。原则上对出现在靠近队员席或队员席中脱离了比赛的队员身上，影响了没参加比赛的队员的这类犯规，应判"队小罚"。对在场上的队员或受罚席里正在受罚的队员出现的这类犯规，应判"违反纪律"。

比赛时队员对裁判员的决定进行质问或争辩，应按"不良行为"判小罚。如果队员坚持进行质问或争辩，应判违反纪律。对任何更进一步争论的队员应判严重违反纪律。

如果队员违反了下列任何一条，可判该队队小罚：

（1）队员受罚后，在裁判员命令时，他不立即前往受罚席或更衣室。

（2）队员脱离了冰面，对任何人使用不尊敬的或骂人的语言或联系工作人员的名字进行评论。

（3）队员脱离了冰面，用任何方式对正在执行比赛工作任务的比赛工作人员，包括裁判员、边线裁判员、计时员或监门员进行干扰。

队员违反了下列条款中的任何一条，应判违反纪律：

（1）在比赛之前、进行中或结束之后，在冰上或冰场的任何地方（队员席附近除外），对任何人使用肮脏的不尊敬的或骂人的语言。

（2）边线裁判员去拾球时，队员故意把球击开或射开。

（3）故意向场外投扔任何装备（球杆除外）。

（4）无论何时用球杆或其他物件猛敲界墙。

（5）一个队员卷入吵架或打架被拆散并被罚时，由于拾捡装备而不立即去受罚席，延误了比赛，应判违反纪律。他的手套、球杆等，应由他的同队队员送到受罚席。

（6）经裁判员一次警告后，任何坚持错误（包括用威胁、辱骂的语言或手势或类似的动作）、企图激怒对方使其犯规而受罚的行为。

（7）当裁判员进行报告或同边线裁判员、计时员、记罚员、记录员或宣告员商讨问题时，队员进入或逗留在裁判区（为了到受罚席时除外）。

队员如违反下列规定，裁判员可视情况判违反纪律或严重违反纪律或特别严重违反纪律：

（1）对裁判员等比赛工作人员进行身体攻击，如抱人；用手、球杆或身体推人、绊人，身体冲撞，横杆推阻，杆打人，从背后冲撞等。

（2）向场外或场内投扔冰球杆。

（3）队员在裁判员发出制止命令后，继续或企图继续进行打架、吵架或反抗边线裁判员履行他们的职责。

队员如违反下列规定，应被判严重违反纪律：

（1）队员受到违反纪律的处罚后，仍坚持他的行为。

（2）在比赛之前或进行中或比赛之后，队员在冰场上或冰场的任何地方使用不礼貌的动作。

队员以丑化比赛的行为干扰或损害了比赛的进行，应被判特别严重违反纪律。

如果队的工作人员对下列各款有任何违反情况时，该队应受队小罚：

（1）无论何时用球杆或其他物件猛敲界墙。

（2）无论在冰场的什么地方对任何人使用肮脏的、不尊敬的以及骂人的语言，或者联系裁判员的名字进行评论。

（3）以任何方式对执行比赛职责的工作人员（包括裁判员、边线裁判员、计时员和监门员）进行干扰。

队的工作人员不管发生何种类型的违反纪律犯规，都应判严重违反纪律加队小罚。

队的工作人员抓、打、丑化、干扰工作人员，或以任何方式妨碍比赛进行，应判特别严重违反纪律加队小罚。

禁止从冰场的任何地方向冰上投扔任何物件，如果是队员违反，队员应被判小罚加严重违反纪律。如果是队的工作人员违反，队的工作人员应被判严重违反纪律，所在的队被判队小罚。

对在紧靠队员席附近的属于该队的人，但没能辨清是谁时——该队受队小罚。

任何队员或队的工作人员向对方队员、队的工作人员与裁判员的脸或身上吐唾沫，应被判特别严重违反纪律。如果是队的工作人员还要判该队队小罚。

队员做规则中不允许的动作，可能引起对方受伤，或其结果引起了对方受伤，应判取消比赛资格。对更严重的情况应报告给竞赛委员会。受罚队员在 5 分钟以后允许被替补。

队员对队的官员或比赛工作人员做上述犯规动作，应判特别严重违反纪律。

队员用身体阻截、横杆推阻、肘顶、非法冲撞或绊的方法使对方猛烈摔到界墙。裁判员可视其猛烈程度判小罚或大罚。当根据这条规则判大罚时，该队员还应自动被加罚严重违反纪律。

对明显地打成死球或造成越位的队员向界墙猛烈冲撞应按"向界墙猛烈撞人"处罚。若被撞的人没接触到界墙应按"非法冲撞"处罚。

使沿界墙运球，努力从空当中通过的队员"翻车"，不算向界墙猛烈撞人，但如果对方不是运球者则被认为是向界墙猛烈撞人、非法冲撞或干扰犯规。如果是用臂或球杆造成的应按抱人、钩人处罚。

整理装备规定

比赛不能由于整理衣服、装备、冰鞋、冰刀或球杆的原因而停止，也不能因此而延误比赛。

在适当的条件下，队员有责任维护运动服和装备，如果需要整理时，应离开冰场而不能影响比赛进行。

守门员修理或整顿装备时不得延误比赛。如果需要整顿装备，应离场，由替补守门员立即上场替补，不给予做准备活动的时间。

如果违反上述这些规定，应判小罚。

球杆折断规定

队员没有球杆可以参加比赛。球杆损坏后，丢下坏杆（裁判员认为不适合在比赛中使用的球杆）可以参加比赛，违者应判小罚。

守门员使用坏杆可以继续比赛，直到比赛停止或直到他按规定取得球杆。

队员或守门员球杆折断不能接受从场外任何地方投入冰场的球杆，但可以不去队员席而接受同队队员给他的球杆。

在比赛停止时，守门员球杆损坏，不得去队员席换取，必须从同队队员手中取得球杆，违者判小罚。

横杆推阻规定

某队队员用"横杆推阻"对方，裁判员可视情况判小罚或大罚。

"横杆推阻"是指用双手握全部离开冰面的球杆做推阻动作。

用"横杆推阻"使对方受伤，应判大罚。

当队员根据这条规则被判大罚时，还应自动被加罚严重违反纪律。

肘顶人、膝顶人或头撞人

对用肘或膝顶对方队员的应判小罚。

对用肘或膝顶人致使对方受伤的队员应判大罚加严重违反纪律。

队员故意以头撞击对方或企图以头撞击对方应判取消比赛资格。

抱对方队员

用手、球杆或任何其他方式抱对方队员应判小罚。

队员用手抓或抱住对方队员的面罩或头盔，或用手拉对方的头发，应判小罚或大罚加违反纪律。

另外，用手或其他方式握、抓、夹对方的球杆也是不允许的，应判小罚。

延误比赛规定

守门员将球直接射出场外应被判小罚。队员故意将球射出场外应被判小罚。队员或守门员故意用手扔或用球杆将球打出场外应被判小罚。

某队在得分后，多于应上场替换的人数上场，判该队队小罚。

队员（包括守门员）故意移动球门而延误比赛，应判小罚。当球门一被移动，裁判员或边线裁判员应立刻吹哨停止比赛。

如果上述这种延误比赛是由守队队员或守门员在守区内、在比赛还有最后两分钟时造成的，应判罚任意球。

如果这个故意移动球门是在对方突破的情况下，由守门员或队员造成的，应判由非犯规队罚任意球。如果这个犯规是由队员在守门员离场时造成的，应判非犯规队射中一球。

当裁判员对队长进行警告，并命令他纠正场上人数和开始比赛时，如该队仍不执行，并以增加替补队员、坚持越位或以任何其他方式延误比赛，应判队小罚。

在没有对方阻截的情况下，控制球的队在自己守区只准在球门后运球一次，而后必须向对方球门方向前进。

第一次违反这个规定，应停止比赛，在犯规队的守区争球点上争球，并且警告犯规队队长。在同一局中同一队第二次违反这个规定，应判犯规队员以小罚。

队员或守门员在没有受到对方挤贴时，为了造成比赛停止，用他的球杆、冰刀或身体沿着界墙推或挤球，应判小罚。

队员不得为了延误比赛而将球传或运回本队的守区。如果该队场上人数少于对方时，则是可以的。违反这一条规定，应在犯规队守区争球点争球。

如果某队在局间休息 15 分钟后没有按时上场准备开始比赛，判该队队小罚。

争球规定

所有争球都应根据造成比赛停止的原因而在场上标出的争球点上执行，或在冰场同侧两端区争球点之间与边线界墙平行的想像连线上执行，或在中心开球点上执行。

裁判员或边线裁判员应将球掷到两名争球队员的冰球杆之间的冰面上。争球队员应面向对方的端区，彼此相距约一冰球杆远的距离，杆刃放在冰上。

在端区或中区争球点上争球时，争球队员的球杆刃放在指定的白色标记上。

进攻队员在进攻半场争球时应首先将杆刃放在冰上。

在端区争球点争球时，争球队员的双刀应跨立于"T"两侧和顶部横线的后面，清楚地离开"T"线。

其他队员不准走进争球圈，或者走进离争球队员 4.5 米以内。所有的争球，双方的队员都必须在自己一方的场地内。

违反这款规定，如果是非犯规队控制了球，比赛可继续进行，否则，裁判员或边线裁判员应重新执行争球。

如果争球队员在裁判员或边线裁判员指令时还不立刻做好争球姿势，裁判员或边线裁判员可以命令他退出争球。该队应由另一名场上队员代替他执行争球。

在完成争球及比赛开始前，不允许换人，但是如果发生某队受罚影响场上实力时，则可以换人。

无论在什么地方争球，队员都不得用自己的身体或球杆与对方队员身体作任何接触，直到争球结束。

对违反这条规则而做身体接触动作的队员应被判以小罚。

在一名队员被从争球点上换下后，新换上来执行争球的队员在裁判员或边线裁判员一次警告后，仍拖延做好争球姿势，判该队队小罚。

在端区争球点争球时，不执行争球的队员在掷球前进入争球圈或站在争球圈内，将不必警告把要执行争球的队员换下，由在场的其他队员执行争球。

在同一次争球期间，同队的队员第二次违反这项规定，判该队员小罚。

攻队在攻区内犯规或造成的比赛停止，应在中区内最近的争球点执行争球。

双方犯规造成的比赛停止，在比赛停止时球所在的地点争球。

比赛停止发生在端区争球点和端线界墙之间时（除规则另有规定外），应在比赛停止时同侧的端区争球点争球。

球从裁判员身上直接弹入门内或被裁判员碰入门内时，应判无效，在该守区争球点争球。

由于规则内没有明确规定的原因造成的比赛停止，应在比赛停止的地点争球。

裁判员在比赛开始时不鸣哨。比赛时间应从球接触冰面时开始，到鸣哨时停止。

比赛停止后，如果攻队原来在蓝线上的一名或两名后卫，或者其他从队员席下到攻区的队员进入了端区争球圈靠近蓝线一侧的边缘，争球地点应改在中区内靠近守队蓝线的争球点上进行。

摔倒压球规定

队员（守门员除外）故意摔倒在球上或把球搂住，应判小罚。

如果由于队员跪下阻挡射球而球射到他的下面，或打进他的服装或装备里，不应处罚，但是任何用手阻碍球无法比赛时，应立刻判罚。

当球在球门线以后，或在端区争球圈远侧双线以前时，守门员的身体完全出了球门区，并故意摔倒在球上，或将球搂住、握住以及将球向球门或界墙的任何地方挤住，造成比赛停止，应判小罚。

球在球门区内时，守队队员（守门员除外）不得摔倒在球上或抱球，或把球搂住、握住。违反这个规则，比赛应立刻停止，并判罚任意球，但不予其他处罚。如果守门员此时已离场，裁判员应立刻判非犯规队射中一球。

射中和协助规定

判定射中者和协助者是裁判员的责任，他的决定是最后决定，他应该严格地按照规则去做。因此，裁判员必须完全熟悉规则的每一规定，注意观察影响判断的每一动作。首先这些判定必须是完全公平的。

如果宣布判定的射中或协助有明显的错误，应立即纠正。裁判员在比赛报告上签字以后，记录员不能改变。

攻队队员用冰球杆将球射进两球门柱之间、横梁以下，并完全越过球门线，即为射中球门。

守队队员以任何方式将球碰入球门，判为射中。攻队最后触球队员为射中者，不判协助者。

攻队队员踢球触及任何队员或守门员弹入门内，判为进球无效。

攻队队员射的球，触及同队队员的任何部分弹入门内，判为射中球门，被球触及的队员为射中者。如果球被踢入、扔入或用其他冰球杆以外的东西故意导入门内，不算射中。

球碰到裁判员或边线裁判员身上直接弹入门内，不算射中。

队员将球合法地打入对方球门区时，这个球应是自由的，可以被另外的攻队队员获得，由此而射中球门应为合法。

除非球在球门区内，否则攻队队员不能站在球门区线上或球门区内，也不能把球杆放在球门区内。如果有这种情况出现射中球门时，应判无效，在中区靠近犯规队攻区的争球点争球。

如果攻队队员由于守队队员的身体干扰动作而进了球门区，在他还被干扰在球门区内时，射中球门应判射中有效。但是如果裁判员确认他有足够的时间离开球门区而没有离开时，应判无效。

进攻队员用脚踢或用手打球，球从任何队员或队员球杆、守门员、裁判员身上反弹入门，则进球无效。任何规则规定以外的进球无效。

当球进入球门或越过球门线时，球门离开了正常位置或门底座没有平放在冰上，进球无效。

要注意的是，射门得分后如已争球恢复了比赛，该得分不能因任何原因而取消。

把球合法地射入对方门内得分者，应记入记录表。每射中一球应在该队员的得点栏内记一个得点。

射中球门时直接与射中者合作的队员称为协助者。一次射中不能多于两个协助者。每次射中在每个协助者的得点栏内记一个得点。

一次射中，一名队员只能得一点。

如果没有登记在比赛记录表上的队员射门得分或被判为协助者，该射中无效。该队员必须立刻退出比赛，但不予其他处罚。

用手操纵球规定

队员（守门员除外）不得用手握球。违反这一规定，要对犯规队员判小罚。

守门员不准有下列行为：

（1）用手握球超过三秒钟或以任何方式使裁判员认为他要造成比赛停止。

（2）向对方球门方向扔球，并被同队队员首先获得。

（3）有意把球放进护具内或球门网上。

这项规定是为了保证比赛连续进行。守门员的任何动作使比赛造成不必要的停止，必须处罚。

守队队员（守门员除外）不得用手从冰上拿起球，违者判小罚。需要注意的是，出现这个犯规时，球是在球门区内，应判由对方队罚任意球。

允许队员用张开的手停或"击"腾空球，或者用手沿冰面推球，比赛可不停止，但裁判员认为他是故意把球传给了在中区或攻区内的同队队员时，可命令停止比赛，在犯规地点争球。如果这个犯规出现在攻区，应在最近的中区争球点争球。队员在守区内的任何手传球都不停止比赛，条件是队员和球出守区时手传球就已完成。

这项规定也是为了保证比赛的连续性。裁判员不应停止比赛，如果他认为传球给同队队员是故意的，则可以判争球。争球地点应选在对犯规队利益最少的地方。

如果攻队队员用手打球，从任何队员、球杆、守门员或裁判员身上弹入门内，应判无效。

举杆过肩规定

队员将冰球杆举过肩部的正常高度时，裁判员可视情况判小罚。

攻队队员举过杆超过球门横梁的高度，击球入门应判无效，在该犯规队守区争球点争球。守队队员这样击球入自己的球门，应判有效。

队员举或握杆的任何部分高于肩，碰伤对方队员，应判大罚加严重违反纪律。如果裁判员认为这个高杆动作是偶然引起受伤，可判双重小罚。

不准举杆过肩击腾空球。发生这种情况时，应停止比赛，在犯规队守区争球点争球。但下列情况除外：

（1）队员举杆过肩击球为对方获得，比赛应继续进行。

（2）守队队员举杆过肩击球入自己球门，应判射中。

在队员举杆过肩击球为对方获得时，裁判员应立刻做"好球"手势，其他情况应停止比赛。

钩人

用冰球杆钩人，阻碍对方队员前进，应判小罚。

由于钩人致使对方受伤的队员，应受大罚。

控制球的队员越过了中区红线，在他的前面除守门员外没有对方队员需要绕过，此时遭到从后面的钩阻或其他犯规使他失掉得分机会，应判非犯规队罚任意球。但是，在攻队失掉控制球前不要停止比赛。

控制球是指队员用球杆控制着球。如果球被其他队员或与他的护具接触，或打到球门上弹离，则不再被视为这个队员在控制球。

如果对方守门员已离场，攻队控制球队员在他和对方球门之间没人时，他被钩阻或被侵犯致使失掉得分机会，裁判员应立即停止比赛，判攻队射中得分。

绊人

用冰球杆、膝、足、臂、手或肘去绊对方队员或使对方摔倒时，应判小罚或大罚。但是裁判员如确认某队队员是为了钩挡球而夺得了球，因此绊倒了对方运球队员可不予处罚。

如果在比赛停止的同时或比赛停止以后发生偶然绊人，可不处罚。

控制球的队员已越过红线，除守门员外没有其他队员需绕过时，因遭到从后面来的绊或其他侵犯而失去合适的射门机会，应判罚任意球。在攻队没有失掉控制球以前不要停止比赛。

这里的"控制球"是指用冰球杆运球。如果在运球过程中被另一队员或他的装备接触或打到球门柱上弹离，这个队员不再被认为是控制球。

如果对方守门员已离场，控制球队员在他和对方球门之间没有对方队员时，被绊倒或遭到其他侵犯而失掉了合理的得分机会，裁判员应立刻停止比赛，判攻队射中一球。

死球

冰球场中间的红线把场地划分成二等份。人数相等或人数多于对方的队从自己半场射球、打球或反弹球，球越过对方球门线时，比赛应停止，在打死球队的守区内距该队最后射球地点最近的争球点争球。但是如果球进了球门，应判射中。

这里要注意，射球队最后与球接触的地点是决定是否出现死球的根据。

在犯规缓判期间，控制球队打成"死球"，应在中区内靠近打死球队的守区蓝线争球点争球。

一个队由于受罚而"人数缺少"，受罚队员的受罚时间快要结束时，该队射的球是否判"死球"，取决于该队射球的瞬间场上人数是否少于对方。如果少于对方将不判死球，此时受罚结束的受罚队员是否留在受罚席上对此没有影响。

射球打中在对方半场内的对方队员反弹回射球队的半场，并越过了球门线，不算死球。

人数缺少的队射的球不判死球，比赛继续进行。

由于争球造成球被直接打过另一端区的球门线，不判死球。

边线裁判员认为对方队员（守门员除外）在冰球越过球门线之前能够接着而不接，使球越过球门线时，不判死球，比赛应继续进行。

球越过球门线之前触及了对方队员身体的任何部分、冰刀、冰球杆或在到达球门线之前通过了球门区，或者在越过球门线之前触及了守门员以及他的冰刀或球杆，则不判为死球。比赛继续进行。

如果边线裁判员错判了死球，不论人数是否缺少，应在冰场中心开球点争球。

干扰的规定

对干扰或阻碍对方非控制球队员前进，或故意打落对方手中的球杆，或阻碍对方拾起球杆或其他装备，或者用向对方运球队员打、射坏杆、非法的球或其他物品进行干扰的队员应判小罚。

比赛进行中在队员席或受罚席上的队员用身体或球杆干扰场上的球或对方队员，应判小罚。

如果攻队队员故意站在球门区内，裁判员应停止比赛，在中区争球点争球。

队员用球杆或身体干扰或阻碍在球门区内的守门员的活动，应判小罚。

守门员离场后，非法进场的队员（包括守门员和该队的工作人员），用身体、球杆或其他物件对运动着的球或对方队员进行干扰，裁判员应立即判非犯规队射中一球。

控制球的队员过了中区红线，在他和对方球门之间除守门员外没有其他队员需绕过时，守队队员（包括队的工作人员）用扔或射球杆、断杆或其他物件来进行干扰，应判非犯规队罚任意球。

裁判员要特别注意以下三种类型的干扰犯规：

（1）守队在自己的端区控制球时，该队其他队员排列阻截，干扰对方以掩护运球队员。

（2）争球队员争球后，在对方队员没控制球时对其进行干扰。

（3）运球队员在留传后，用身体接触对方进行干扰。

防守干扰是对对方非控制球队员进行身体接触。

踢球规定

在所有区域都可以踢球。但攻队队员踢球入门应判无效。如果攻队队员踢球从其他队员或其球杆、守门员、裁判员或边线裁判员身上反弹入门，要判无效。

离开队员席或受罚席规定

在发生打架期间，任何队员不得离开队员席或受罚席。允许在打架之前替换，但替换后的队员不得加入打架。

在打架期间，第一个离开队员席或受罚席的队员，应判一个双重小罚和一个严重违反纪律。如果两个队的队员同时离开了各自的席位，要认出各自第一个离开席位的队员，并按此款处罚。

打架期间离开队员席的其他队员，应判违反纪律。但每队受违反纪律处罚的队员最多不能超过5人。

离开队员席的队员，由于他的其他行动受小罚、大罚或违反纪律的处罚，还要加受自动严重违反纪律的处罚。

除每局结束或者受罚期满，无论何时队员不得离开受罚席。

不管比赛在进行还是停止，受罚队员在他受罚期满之前离开受罚席，根据情况，作如下判定：

（1）应判一个小罚。在原有处罚期满后受罚。

（2）如果受罚队员在比赛停止期间，场上发生打架时离开受罚席，他应除被判小罚外再被判一个严重违反纪律的处罚。

（3）如果受罚队员离开受罚席第一个离开队员席或受罚席的队员已经受到处罚，就不必再受处罚了。

如果队员在受罚期满之前离开受罚席，记罚员应记录下时间，并在第一次比赛停止时通知裁判员。

如果队员在受罚期满前进场是由于记罚员的错误，不应加以判罚，但应回到受罚席罚完剩余时间。

不管是谁的错误，如果队员非法地离开队员席或受罚席入场，在他在场上期间该队射中球门应判无效，对他的犯规还应处罚。

如果控制球队员在他和对方守门员之间没有对方队员时，遭到对方非法入场的队员的干扰，应判该队罚任意球。

守方守门员离场时，攻方队员由于守方非法入场的队员的干扰，而没有射中球门，裁判员应立刻判非犯规队射中一球。

任何时候某队工作人员未经裁判员允许进入场地，应判严重违反纪律。

越位规定

攻队队员不得先于球进入攻区。违反这项规定，应停止比赛进行争球。一个确实控制着球的队员先于球进入攻区不算越位。

如果越位时球是运过蓝线的，应在距球过线处最近的中区争球点争球。如果球是被传或射过蓝线的，应在传或射球的起点争球。

判定越位的根据是队员的冰刀的位置，而不是冰球杆的位置。队员的双刀完全越过了蓝线进入了攻区时即算越位。

当球完全越过线的瞬间，无论队员的哪只冰刀接触着线或在线的自己守方一侧，不管他的冰球杆的位置如何，都不算越位。

如果有攻队队员先于球进入攻区，这个球是由攻队队员射、传入攻区，或射、传的球从攻队队员或守队队员身上反弹入攻区，但守队队员能够得到这个球。边线裁判员应执行越位缓吹。当出现下两种情况时边线裁判员应放下手臂解除越位。

（1）守队运或传球进入中区；

（2）攻区内的所有攻队队员退回到用冰刀接触蓝线时。

如果球被直接射向球门，迫使守门员接触球，应立刻停止比赛判为越位。当球还在攻区内时，如果攻队队员接触了球或企图得到球，或迫使守队运球者向后深入端区，边线裁判员应停止比赛判为越位。

当球还在攻区内时，攻区内必须十分清楚地没有攻队队员才能解除越位缓吹。

队员向自己的守区传或运球，先于球进入这个守区的对方队员不算越位，比赛应继续进行。

如果根据边线裁判员的判断是故意越位，应在犯规队守区争球点争球。

传球规定

同队队员可以在同一个区域内互相传球。但是，队员不得从自己的守区向位于中间红线前面的同队队员传球，如果球先于接球队员越过红线，则不在此列。如果违反这项规定，应停止比赛，在传球的起点或最近的争球地点争球。

如果球越过红线时接球队员位于红线前，他可滑回来用任何一只冰刀触及红线，然后再去合法地获得球。这样，即可认为球是先于他越过红线。

接球队员冰刀的任何部分接触着红线，即应被认为是在红线的本方守区一侧。

如果接球队员双刀越过了红线，但用他在自己守区一侧的球杆停住球，在他把球运或传过红线前不判越位。此时边线裁判员可以采取越位"缓吹"。如果球被对方截掉并把球运或回传越过红线，不判"传球越位"。在一样的情况下，当球越过红线并直接越过了球门线，不判传球越位，而应判为死球。

传出的球在传球队员守区和中间红线之间触及了任何队员的身体、球杆或冰刀，不算传球越位。

如果边线裁判员错判了传球越位，应在中心开球点争球。

球出界或无法比赛规定

冰球越出比赛场地，或碰到除界墙、玻璃挡板或铁丝保护网以外的碍障物时，除规则另有明确规定外，应在球被射或弹离的地点争球。

球被打到球门网上或被双方队员挤在球门上或因其他情况无法继续

比赛时，裁判员应停止比赛，在最近的端区争球点争球。如果裁判员认为是攻队造成的比赛停止，应在中区争球点争球。

守队或攻队可以在 3 秒钟内把球打离门网而继续比赛。如果球在门网上超过 3 秒钟，应停止比赛，在最近的端区争球点争球。如果是攻队造成的，应在中区争球点争球。

守门员故意把球扔到球门网上造成比赛停止，应判小罚。

如果球掉到界墙上边，可以用手或球杆打下来继续比赛。

拒绝开始比赛规定

当两个队都在场上时，裁判员命令比赛开始，某队由于任何原因拒绝比赛，裁判员应警告队长，并限制该队在 30 秒钟内开始或恢复比赛。如果 30 秒钟结束，该队仍拒绝比赛，裁判员应判该队以队小罚，并向竞赛委员会报告。

如果该事件继续发展，裁判员应通知非犯规队，比赛已被取消，把事件进一步发展的情况向竞赛委员会报告。

当裁判员通过某队的队长、领队或教练员命令其开始比赛时，如该队没在 2 分钟内回到场上开始比赛，应取消这场比赛，并把该队的这个进一步的行动向竞赛委员会报告。

用冰球杆打人规定

队员用冰球杆打人，以阻碍或企图阻碍对方队员的行进，裁判员可视情况判小罚或大罚。

队员用冰球杆打人致使对方受伤者，应判大罚。

队员向对方挥舞冰球杆（无论在距离之内还是以外），不管触及对方与否，或者队员借口打球而乱舞球杆以此恐吓对方，都应按"用冰球杆打人"处罚。

队员在与另一个队员打架时挥舞球杆触及了对方，应判大罚或取消比赛资格。

当队员因违反这项规则被判大罚时，还要受自动严重违反纪律的处罚。

用杆刃刺人或用杆柄杵人规定

队员企图用杆刃刺人或企图用杆柄杵人，判双重小罚加违反纪律。队员用杆刃刺人或用杆柄杵人，判大罚加严重违反纪律。

用杆刃刺人或用杆柄杵入致使对方受伤者，应判取消比赛资格。

投扔球杆规定

球在守区时，守队的队员或守门员或工作人员故意向球的方向投扔球杆或球杆的一部分或其他物件，应允许攻队完成比赛。如果攻队未射中球门，应判由非犯规队罚任意球。

如果球门没有人防守，攻队队员前面没有防守队员需越过，而有一个打"空门"（该队守门员离场而换上一名能进攻的队员）的得分机会时，遭到守队队员或工作人员投、扔来的球杆、断杆或其他物件的干扰，阻碍了射"空门"，应判攻队射中一球。

除了构成判罚任意球或射中一球，以及由攻队射门得分的情况以外，任何场上队员或守门员在任何区域里向球的方向投、扔球杆、断杆或其它物件时，应判大罚。

如果队员或守门员向冰场上扔掉打坏的球杆不越过界墙，又没有干扰比赛和对方队员，不应判罚。

队员或守门员向场外或场内投、扔球杆或坏杆，裁判员根据判断，可判违反纪律或严重违反纪律。如果这个犯规是抗议工作人员的判决，应判小罚加严重违反纪律。

如果守门员故意将他的球杆或坏杆放在门前，正好球打中球杆，此时不管守门员在场上还是离场，裁判员都应立刻停止比赛，判对方射中一球。

非法冲撞和从背后冲撞

队员助跑或跳起冲撞对方或袭击对方，根据情节，要判小罚或大罚。

在场内任何地方、以任何方式从对方队员背后推、身体冲撞，或打对方队员，应判小罚加违反纪律或大罚加严重违反纪律。

队员从背后袭击、冲撞对方队员使其受伤的，判大罚加严重违反纪律或取消比赛资格。

队员被从背后以高杆、横杆推阻、身体冲撞、推、打或推挤等任何方式，使他无法保护或守卫自己而被摔撞到界墙上，对该犯规队员应判大罚加严重违反纪律。

如果使用超过两步或跨步的滑跑，并使用超过正常冲撞的力量去冲撞对方，可以认定为"非法冲撞"。

队员对在球门区内的守门员发生任何犯规，均应判双重小罚或大罚。

当守门员正在球门区外时，不论何种情况对方队员对守门员进行不必要的接触，应按干扰或非法冲撞判小罚或大罚。同样，裁判员也要注意守门员在门区附近绊人、用杆打人或刺人的犯规。

鸣哨以后，队员和对方进行身体接触，根据裁判员的判断，该队员有足够时间可以避免这个接触时，应对其判小罚或大罚。

另外，在女子冰球赛中，直接的身体冲撞应被判小罚。

斗殴或粗暴

对首先动手打架的队员，判取消比赛资格。

被打的队员还击或企图还击应判小罚。如果这些队员继续进行打架，裁判员可根据情况判双重小罚、大罚或取消比赛资格。

对粗暴犯规的队员，可视情况判小罚或双重小罚或大罚。在根据这条规定时进行大罚时，还要自动加判严重违反纪律的处罚。

对参与离开冰场的斗殴者，应判违反纪律或严重违反纪律。如果一名队员在冰上，另一名队员离开了冰面，两人都应被认为是在冰上，根据上面规定进行处罚。

对第一个介入打架的队员或守门员，应判严重违反纪律。

看不见球或非法球

因队员争夺球或意外地摔倒在球上，裁判员看不见球时，应立刻停止比赛。除规则另有规定，应在比赛停止地点争球。

在比赛进行中场上出现两个冰球时，可用合法的冰球比赛到控制球一方完成比赛。

球触及裁判员或边线裁判员

冰球在场内任何地方触及裁判员或边线裁判员都不停止比赛，不管某方人数缺少与否。除非球进入了球门，应停止比赛，在最近的端区争球点争球。

裁判员的手势

犯规手势

裁判员发现有犯规，首先单臂上举并伸直。鸣笛后，首先指明犯规队员，然后清楚地做出手势，这一次手势是给队员和观众看的，然后到记录席报告时，再向记录中做一次手势，共做两次。

举杆过肩手势

两手要在脸侧，不要在脸前，以免挡住自己的视线。

绊人手势

做绊人手势时，稍弯腰但不可低头，目光必须始终盯着队员及场上情况。更不可抬起一腿做绊人的姿势，以免单脚站立时重心不稳而被碰倒。

干扰手势

做干扰手势时，两手握拳交叉，手要稍离开身体，不要贴在胸前。

缓吹手势

缓吹的手势是一手举过头部，要求是不拿哨子的手，或者先指犯规队员一次再举手。

非法冲撞手势

非法冲撞手势，两手握拳只转一周。

传球越位

传球越位手势是两臂在体前平行前伸，两肘弯曲，两手伸展。

死球

在比赛中，后面的边线裁判员举手（不拿哨的手）过头，示意可能造成死球，前面的边线裁判员看到这一示意，应向前举手指球，当死球造成时立即吹哨。后面的边线裁判员听到哨音后，滑到争球地点，两臂交叉于腋下表示死球。

粗暴手势

粗暴手势是手握拳要向侧面或侧前方伸出，不要向前，更不要冲着队中伸拳。

取消比赛资格手势

取消比赛资格，手掌只拍一下头。

钩人手势

钩人手势，后手要在腰侧面向侧后方向拉，不可两手在腹前拉向自己腹部。

杆刃刺人手势

杆刃刺人与钩人的手势方向相反，后手从腰侧向前做动作。

横杆推阻手势

横杆推阻的手势是双手向前只推一次，两臂伸直。

杆打人手势

杆打人手势是手砍另一臂只一次。

向界墙猛烈冲撞手势

向界墙猛烈冲撞手势，拳打另一掌心只一次。

好球手势手势

好球手势，两臂必须平直，不要过高或过低。

冰球三人制裁判法

冰球裁判员要具备良好的滑冰技术，熟悉掌握规则的条文和规则的精神，准确果断的判断能力，还要熟练掌握裁判的方法，才能在场上顺利进行工作。

裁判员在争球时的位置

（1）在中心开球点争球时，裁判员应面对记录席争球，两边线裁判员各位于一条蓝线上并斜相对，靠近界墙站立。见图23

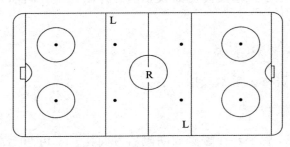

图23

（R—裁判员，L—边线裁判员）

如果是边线裁判员执行争球，他应面对记录席，另一边线裁判员位于他正对面靠近界墙站立，裁判员位于执行争球的边线裁判员对面，在

红线左面或右面，距红线 3 ~ 4 米，距界墙 3 ~ 4 米处站立。见图 24

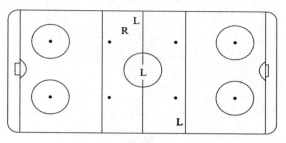

图 24

（2）在中区争球点争球时，一名边线裁判员执行争球，另一名边线裁判员位于对面紧靠蓝线处，距边线界墙 1 米。裁判员位于蓝线内不争球的边线裁判员一侧，距蓝线和边线界墙均为 3 ~ 5 米处。见图 25

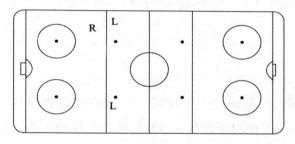

图 25

（3）在端区争球点争球时，一名边线裁判员执行争球，另一名边线裁判员应站在对面蓝线外 30 厘米、距边线界墙 1 米左右处，裁判员应站在不执行争球的边线裁判员同侧，在球门线前 1 米，距球门柱 3 米左右。如果争球时出现违例，裁判员对违例队警告后，应滑到争球地点的同侧球门线处站立。见图 26

（4）在中区非争球点上争球时，一名边线裁判员执行争球，另一名边线裁判员位于他正对面靠近界墙处，裁判员应位于距争球地点最近的端区一侧。距两名边线裁判员之间的想象连线 4 ~ 5 米，距边线界墙 3 ~ 5 米。见图 27

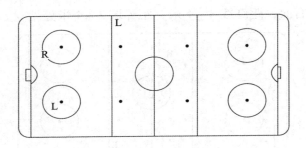

图 26

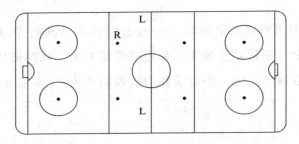

图 27

（5）在端区非争球点上争球时，一名边线裁判员执行争球，另一名边线裁判员位于他对面蓝线外 30 厘米、距界墙 1 米处，裁判员位于争球地点与蓝线平行的想象连线靠近球门一侧 5～7 米、距边线界墙 3～6 米的位置。见图 28

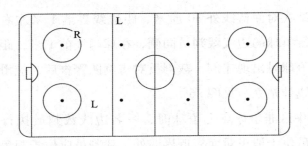

图 28

宣判犯规和射中球门的工作程序

（1）宣判犯规时的工作程序。当有犯规发生时，裁判员应将不拿哨的手臂伸直上举，表示将要判罚，然后观察球由哪队控制。如果是犯规队控制球，应立即鸣哨停止比赛，然后用手指出犯规队员，也可喊出犯规队员号码，做出犯规内容的手势，倒滑去记录席报告。此时应有一名边线裁判员劝阻，护送受罚队员去受罚席，另一名边线裁判员拾球并去争球点站位准备争球。

（2）处罚缓判时的工作程序。当有犯规发生，裁判员举起手臂表示将要判罚时，此时如果球由非犯规队控制，就需进行缓判，裁判员应保持手臂上举，继续观察比赛。此时位于红蓝线之间的边线裁判员或者当球在中区时位于靠近非犯规队队员席的边线裁判员要特别注意非犯规队替换守门员有无发生早入，如发生应及时鸣哨，然后告诉裁判员发生了"替换守门员早入"。如果没有早入，当犯规队控制球时裁判员立即鸣哨，按上条程序进行判罚和报告。

（3）判罚任意球时的工作程序。当发生犯规应判罚任意球时，裁判员仍先将手臂上举，如果非犯规队控制球，进行缓判。如果是犯规队控制球则立即鸣哨进行判罚。

鸣哨以后，指出犯规队员及做出犯规内容的手势，然后再做出判罚任意球的手势，然后去记录席报告判罚的决定。此时一名边线裁判员（位于靠近该半场蓝线的）应捡球放到中心开球点上，然后滑到门侧3米的位置，另一边线裁判员将双方所有队员安排到另一半场内靠界墙边站立。

裁判员报告回来后，向执行罚球的队员和执行防守的守门员交代必要的要求后，到门的另一侧站住，待一切准备就绪，裁判员鸣哨开始罚球。

（4）射中球门时的工作程序。某队射中球门时裁判员应立即鸣哨，做出射中球门的手势，然后去记录席报告射中球门的队名、射中者及协助者的号码。此时位于该半场蓝线处的边线裁判员去球门内拾球，另一边线裁判员去中心开球点站位，待拾球的边线裁判员回来后这一边线裁判员去站位，他应去被射中队队员席的对面界墙处站位，把得分队队员席前面的位置留给拾球的边线裁判员。拾球的边线裁判员待裁判员报告回来后将球交给裁判员，然后也去站好位置。

（5）其他比赛停止后的工作程序。当发生其他原因而由裁判员停止比赛时，原则上负责球所在半场的蓝线的边线裁判员去站位，另一边线裁判员去拾球并回来执行争球。如果比赛停止时发生了打架或有可能发生冲突时，两名边线裁判员都应用最快速度前去拉架劝阻，待平息后再按正常程序站位和争球。

冰壶的裁判工作

裁判员职责

比赛设有裁判员和首席裁判。裁判员负责监督比赛，负责解决双方存在争议的问题。首席裁判应该聆听裁判员的意见并作出决断，其决断为最终决定，不可更改。

计分方法

一局比赛结束后进行计分，方法是：

（1）所有未进入营垒的冰壶均不得分，只要冰壶接触到营垒外缘即认为其进入营垒；

（2）拥有位于营垒中、位置最接近营垒中心的冰壶的一方得分，另一方不得分；

（3）得分一方中，比对方任何一枚冰壶都更接近中心的冰壶可得1分，有几枚这样的冰壶就得几分；

（4）若双方冰壶均未能进入营垒或无法确定哪一方的冰壶更靠近中心，则称为"流局"，双方均不得分；

（5）10局结束后，累计得分最高的一方获胜。

违例判定

投掷违例

（1）违反预定的投掷顺序，则投掷无效；

（2）右手投掷的队员应该从中线左侧的起滑器上起动，左手投掷的队员应该从中线右侧的起滑器上起动，任何从错误的起滑器上起动投掷的冰壶都将立刻被清理出场地；

（3）向前跨步时如果超越栏线，则投掷无效；

（4）在裁判员发出投掷信号后，未能在30秒内掷出冰壶，此冰壶将立刻被清理出场地；

（5）一方在一局中连续掷出两枚冰壶，对方应移开误投冰壶，同时将因被误投冰壶碰撞而移动的冰壶恢复到原来的位置，然后继续比赛；

（6）一名队员在一局中掷出了3枚冰壶，此局将继续进行，该队第四名投掷队员在该局中只能投掷一枚冰壶；

（7）如果一名队员误投了对方冰壶，则要用己方冰壶放在对方冰壶的位置上来代替；

（8）若投掷队员在冰壶未抵达掷壶端栏线之前将冰壶掷出，对方可视该壶有效，也可视该壶出局，并将所有受该壶碰撞的冰壶放回原位。

刷冰违例

（1）在两条圆心线之间，移动中的冰壶可由一名或多名该队队员刷冰，任何队员均不得为对方冰壶刷冰；

（2）在圆心线的后面，每队只能有一名队员刷冰；

（3）如果一方刷冰时触到己方冰壶，在此冰壶停止滑行后，对方可视该冰壶有效，或将该冰壶视为出局，并将所有受该冰壶碰撞的冰壶放回原位。

球之意外受触

当石球掷出，正在滑行时，若掷球方的球员（通常是刷冰员）不慎以身体、衣服或是冰刷碰触此球，此球即视为受触球。在其滑行完成后，另队可就以下三者任择之一，对该球进行处分：

（1）仍视该球为有效。

（2）将该球视为出局，并将所有受该球碰撞之局内球放为原位。

（3）估算若球未受碰触，则场中各球的位置应会如何，并将场中各球移至其估算的位置。

其他规定

（1）使用所有增强能力的药品，无论出于有意还是无意，都是不允许的；

（2）各方参赛队员均不得在比赛区域中使用污辱性语言，违反者将被禁赛；

（3）参赛队员必须接受赛前、赛中、赛后的药物检测，药检一旦呈阳性，立刻禁止其参加后面的比赛，参赛队员拒绝参加药检，将被禁止参加后面的比赛。

PART 8　赛事组织

　　冰球运动竞赛的种类有：锦标赛、联赛、邀请赛、友谊赛、选拔赛、表演赛等。我国目前经常举办的冰球全国性比赛有：全国冰球联赛、全国冰球锦标赛、全国青年冰球锦标赛、全国女子冰球锦标赛。

　　世界性的比赛有，世界和欧洲冰球锦标赛，每年一次，分 A、B、C 组举行。世界青年锦标赛分 A、B、C 组。欧洲青年锦标赛分 A、B、C 组。另外，还有每两年举办一次的世界女子冰球锦标赛。

　　冰壶运动竞赛的重要赛事有冬奥会冰壶比赛、奥运会冰壶比赛、世界冰壶锦标赛。我国经常举办的冰壶全国性比赛是全国冬季运动会冰壶赛。

斯坦利杯冰球赛

　　斯坦利杯赛是国家冰球联盟的最高奖项，成立于 1893 年，在每个赛季季后赛后颁给联盟的冠军队伍。斯坦利杯以弗雷德里克·斯坦利之名命名，是为纪念其为冰球运动的贡献而设。斯坦利杯为职业运动中历史最悠久的冠军奖杯。

　　最早的冰球比赛都是业余比赛，最初的斯坦利杯也是指颁发给成绩最好的业余球队冠军。那时候会没有所谓的职业比赛。

最早的职业联赛出现在 1904 年的美国，夺得冠军的队伍能够拿到斯坦利杯。

斯坦利杯赛每年举办一次。

冬奥会冰球冰壶比赛

冬奥会女子冰球比赛

冬奥会全称是冬季奥林匹克运动会，简称为冬季奥运会、冬奥会。冬奥会是国际奥林匹克委员会主办的世界性冬季项目运动会。冬季奥运会每隔 4 年举行一届，并与奥林匹克运动会隔两年举行。按实际举行次数计算届数。该赛事的主要特征是在冰上和雪地举行的冬季运动，如滑冰、滑雪等适合在冬季举行的项目。

冰球和冰壶都是冬奥会中举行的比赛项目，其中冰球运动比赛分男子冰球比赛和女子冰球比赛。冰壶运动比赛也分男子冰壶比赛和女子冰壶比赛。

亚洲大洋地区青少年冰球锦标赛

为了开展与提高亚洲及大洋洲一带地区冰球运动的水平，在国际冰球联合会建议与组织下，自 1984 年开始，每年举行一次。参加比赛的国家有中国、日本、朝鲜、韩国、澳大利亚、墨西哥等。

世界冰壶锦标赛

世界冰壶锦标赛是除冬奥会外最高水平的冰壶比赛，每年举办一次，由世界冰壶联合会主办。包括世界男子冰壶锦标赛、世界女子冰壶锦标赛和世界混合冰壶锦标赛。世界男子锦标赛始于 1959 年，当时命名为首届苏格兰威士忌杯赛，1968 年改称加拿大银扫帚锦标赛，1986 年正式定名为世界冰壶锦标赛。世界女子锦标赛始于 1979 年。从 2005 年起，男子世锦赛和女子世锦赛在不同的场地举行。2008 年起男女混合锦标赛开始举办。

自从世界锦标赛参赛以来，加拿大一直统治着男子世锦赛和女子世锦赛。2009 年 3 月 21 日 ~ 29 日在韩国江陵举行的世界女子冰壶锦标赛，中国女子冰壶队夺得冠军，这也是非欧美队第一次获得冰壶世界冠军。

全国冬季运动会冰球赛

全国冬季运动会是国内规模最大、级别最高的冰雪项目综合性体育赛会，每四年举办一次。它是向世界展示我国冬季体育运动蓬勃开展的大展台。对于提高我国冬季体育竞技水平有着非常大的意义，同时还将有力的促进我国尤其是冬季体育产业的各项建设与发展。

1955 年我国首次在哈尔滨举行了全国性的冰球比赛，最后获得前三名的分别是：哈尔滨队（9 分）、长春队（7 分）、吉林队（5 分）。

PART 9 礼仪规范

现代体育运动是十分讲究文明礼仪的赛事项目，这也是体育运动的重要精神和初衷之一。各项体育运动有不同的礼仪要求，但文明参赛和观赛则应该是所有体育运动所要遵循的。冰球和冰壶运动没有特殊的礼仪要求，对运动员来说，只要做到了文明参赛就可以了。对观众来说，要做到文明观赛。

冰球比赛礼仪

冰球是一项集技巧、平衡能力和体力的运动项目，在运动中经常发生碰撞的情况，有些情况是允许的，有些情况是不允许的。比如冰球比赛中允许从背后撞击控球队员抢球；允许用球杆撬开控球队员；允许用球杆别住对方球员，甚至允许高速的对撞……但有些行为则是要受到惩罚的。比赛中，运动员要熟知哪些行为是允许的，哪些行为是违例的。一个合格的运动员不会故意去违例。

对于观众来说，由于冰球运动激烈，有些观众会受到感染，失去了冷静，大喊大叫，为支持的一方喝彩，而为对方喝倒彩，这是不文明的观赛行为，一定要避免。

冰壶比赛礼仪

冰壶是一项技巧运动，也是一项传统运动。一击漂亮的投壶让人赏心悦目。比赛时，运动员要赢得比赛，但不要贬低对手。一名优秀冰壶运动员从来不会故意干扰对手，也不会妨碍对方发挥最佳水平。任何一名冰壶选手都不应该违反比赛规则和任何规定。但是，如果他是非故意的犯规并且已经意识到了，他应该主动告知，以求得比赛的公平。如果比分相差太大，则应该主动认输，以免浪费对方的体力。

观赛礼仪同样重要，不管是支持哪一队，都要做到文明观赛，如果支持的一方投掷出一击漂亮的投壶，可以大方地鼓掌喝彩。如果是另一方投掷出漂亮的投壶，也要真诚地鼓掌喝彩，一定不要喝倒彩。

PART 10 明星花絮

　　每项体育运动都有自己的运动明星，这些运动明星在各自的领域做出了不菲的成绩，成为这项运动的天然代言人。体育运动由于有了这些运动明星的存在，更加充满了魅力。

冰球明星

孙梦熊

　　中国冰球运动员，国家级教练员。黑龙江省哈尔滨市人。身高1.78米，体重80千克。1955年代表"八一"冰球队参加全国比赛，同年转入哈尔滨冰球队，1956年至1965年的10年间，该队曾7次获全国冠军。1956年参加在华沙举行的世界大学生冬季运动会，获冰球比赛第5名，并荣获大会体育道德奖。

　　1959年孙梦熊带中国冰球队访问苏联，获两胜一负的成绩。1966年以7比4战胜来华访问的波兰队。1958年以后，兼任教练工作。1983年起任哈尔滨冰球队总教练。1984年至1986年他率领的哈尔滨队连获3届全国冠军。1986年在日本札幌举行的首届亚洲冬季运动会上，两胜日本队，荣获冠军。同年参加世界冰球 C 组锦标赛获亚军，使我国冰球队晋升世界 B 组行列。

李万基

中国冰球运动员，国家级教练员，黑龙江省绥化市人。身高 170 米，体重 65 千克。1956 年至 1965 年间，代表哈尔滨队 7 次夺得全国冠军。1966 年世界冰球 B 组冠军波兰队来中国访问比赛，他所在的哈尔滨冰球队以 7 比 4 获得了胜利。1972 年至 1981 年担任国家冰球队教练工作。

李万基所率领的冰球队，1972 年第 1 次参加世界冰球 C 组锦标赛获得了第 3 名；1973 年获世界冰球 C 组第 5 名；1974 年获世界冰球 C 组第 6 名。1977 年以 4 比 2 战胜来访的日本队。1981 年世界冰球 C 组锦标赛在北京举行，中国冰球队获亚军，进入世界冰球 B 组行列。1980 年当选为全国冰球教练委员会主任委员，中国冰球协会副主席。1983 年担任哈尔滨市体委主任。

王应辅

中国冰球运动员、运动健将。1956 年入选国家队，1961 年毕业于北京体育学院。多次赴苏、捷、波、德等国访问比赛，曾任队长，球风快速灵巧多变，擅长门前强行快切、快打，有"小老虎"之称。1978 年被国际冰联批准为国际裁判，1981 年晋升为我国第一位银牌国际裁判，连续多届受聘担任世界 B 组和 C 组冰球锦标赛和亚洲冰球锦标赛裁判。1981 年当选为冰球裁判委员会主席。1985 年获"全国优秀裁判"称号。后任国家体委冰雪司处长，中国滑联、冰球秘书长。著有《学滑冰》、《学游泳》、《实用游泳》等教学片。

杨有科

中国冰球运动员，运动健将。身高 1.75 米，体重 72 千克。1978 年至 1983 年被选入国家冰球队。1978 年在西班牙世界冰球锦标赛 C 组比赛中，以四胜三负获第 4 名。1979 年参加世界冰球 B 组锦标赛，获小组第 5 名。1977 年和 1983 年两次战胜来华访问比赛的日本冰球队。1981 年在北京世界冰球 C 组锦标赛上，被国际冰联评为最佳后卫队员。

巴比奇

前苏联冰球运动员。1954—1957 年为国家队队员。1956 年获冬奥会金牌。1954、1956 年获世界冰球锦标赛冠军。1954—1956 年获欧洲冰球锦标赛冠军。1955 年、1957 年获世界锦标赛亚军。1957 年获欧洲冰球锦标赛亚军。1948—1956 年多次获苏联全国冠军。

古里舍夫

前苏联冰球运动员。1954—1959 年为国家队员。多次获金牌：1954、1956 年获世界冰球锦标赛冠军。1954—1956、1958、1959 年获欧洲冰球锦标赛冠军。1970—1977 年多次获得苏联全国冠军。

瓦西里耶夫

前苏联冰球运动员。1967 年入莫斯科"迪纳摩"队，1970 年被选入国家冰球队。曾作为前苏联队主力队员，从 1970 年—1979 年，为该队两次获冬季奥运会冰球赛金牌以及 7 次获世界冰球锦标赛冠军起过重要作用。1973 年被评为世界冰球锦标赛最佳后卫运动员。

豪威

美国冰球运动员，称霸美国和加拿大职业冰球联赛近 30 年。他 18 岁参加职业冰球比赛，6 次获美加冰球联盟"最佳选手奖"，7 次蝉联北美职业冰球联盟赛冠军，1 次获国际冰联"最优秀射手奖"，多次夺得"得分王"的桂冠。

1980 年，豪威打满 80 场比赛得 41 分，是美国、加拿大青少年崇拜的"冰球大王"、"冰球之神"。1950、1952、1954、1955 年 4 次获加拿大传统的"斯坦利杯"赛"优秀前锋"奖。1940—1977 年在国内外比赛中打进 1095 球，成为世界运动史上的传奇英雄人物。

布勃尼克

捷克斯洛伐克冰球运动员、前锋。他代表的队 1961 年获欧洲冠军，同年获世界亚军，并被评为该年最佳前锋。1952、1955、1957、1959、1963、1964 获世界冰球锦标赛第 3 名。曾 4 次参加冬季奥运会：1964年获铜牌，1952 年获第 4 名、1956 年获第 5 名、1960 年获第 4 名。

亚罗米尔·亚戈尔

捷克男子冰球运动员。1990 年，在选秀首轮被匹兹堡企鹅队相中，开始了在国家冰上曲棍球联盟（英语：National Hockey League，简称NHL）中的生涯。他在匹兹堡企鹅队创造了一项项记录，多次获得得分王，并在 2000—2001 赛季为球队捧得斯坦利杯。

亚戈尔被誉为世界最优秀的冰球运动员，1998 年长野奥运会，他是捷克冰球队夺取冠军的核心球员。2002 年，盐湖城冬奥会，亚戈尔担起捷克冰球队队长的重任，以后在每场比赛中都展现了最好的技巧和水平。

彼得罗夫

前苏联冰球运动员，功勋运动健将、主力前锋。1972 年、1976 年两次获得奥运会金牌。1980 年获得奥运会银牌，1969—1971、1973—1975、1978、1979、1981 年共 9 次获得世界冠军。1969—1981 年 8 次获得欧洲冠军。1973、1975、1978、1979 年 4 次获得国内甲级联赛射门大王。

马尔切夫

前苏联冰球前锋，功勋运动健将。1969—1971、1973—1975、1978、1979、1981 年 9 次获得世界冰球锦标赛冠军。1969、1970、1973—1975、1978 年获得欧洲冰球锦标赛冠军。1970、1972 年世界锦标赛当选最佳前锋。被誉为"冰雪王国的彼得大帝"。

特雪契亚克

前苏联冰球守门员。1972、1976、1984 年和队友们合作 3 次获冬奥会金牌。1980 年获奥运会银牌。1970、1971、1973、1974、1975、1978、1979、1981、1982 和 1983 年 10 次获世界冠军。1970—1984 年 10 次获欧洲冠军。1974 年被评选为世界锦标赛最佳守门员。先后 5 次被评选为苏联最佳守门员。曾获列宁勋章，并被选为国际奥委会运动委员，后任教练员。

拉里奥诺夫

前苏联冰球中锋。与马卡罗夫和克鲁托夫并称"神奇的三驾马车"。他与队友合作 1982、1983、1986 年获得世界冠军。1984、1988 年冬季奥运会获得金牌。1986 年入选"全明星队"。1982、1983、1986 年获得欧洲冠军，并多次获得国内联赛冠军。

马里奥·勒米厄

加拿大男子冰球运动员。1965 年 10 月马里奥·勒米厄出生在加拿大魁北克省的蒙特利尔市。在 1984 年以前，很少有加拿大年轻球员能像马里奥·勒米厄那样创造令人激动的成绩。

马里奥·勒米厄身高 1.83 米，体重达 90 千克。勒米厄依然速度快，动作优雅协调，且射门力量大。

勒米厄是魁北克青年冰球联盟历史上最伟大的球员。他在 3 年 200 场比赛中共攻入 247 球，得 562 分。在最后一年（1983—1984）70 场比赛中，他以 133 粒进球、149 次助攻获得 282 分。勒米厄加入 1983—1984 赛季 NHL 冠军队。

自 1984—1985 赛季走上赛场的那一刻起，马里奥·勒米厄就以其精湛的进攻技术一步步实现自己的崇高理想，令球迷心花怒放。勒米厄第一场比赛上场后第 1 次射门就射进了他的第 1 个进球。他被选中参加全明星赛，并以 2 个进球和一次助攻被评选为 MVP（最有价值球员）。到赛季结束，他共进 43 球，得 100 分。勒米厄作为 NHL 年度最佳新秀获得考尔德奖。

勒米厄的一举成名使人联想起超级巨星韦恩·格雷茨基。随着岁月的流逝，勒米厄用事实证明他并不亚于格雷茨基。在 1987—1988 赛季，他以 168 分的成绩超过了格雷茨基的 149 分，并被评为联盟最有价值球员。格雷茨基在 1987—1988 赛季赢得斯坦利杯，而勒米厄则在 1991—1992 赛季也赢得了斯坦利杯。勒米厄现在已经成为 NHL 最佳球员。

韦恩·格雷茨基

韦恩·格雷茨基，身高 1.80 米、体重 79.4 千克，加拿大的职业冰球明星，加拿大的"伟大冰球手"，全球冰球传奇人物。14 岁时签约参加职业联赛。在美国全国冰球协会征战了 20 个赛季，曾为埃德蒙顿炼油者冰球队、洛杉矶国王队、圣路易蓝调队和纽约巡游者冰球队效过力，至今保持美国职业冰球最高进球纪录，于 1999 年退役。

韦恩·格雷茨基 1961 年 1 月出生在加拿大安大略省的布兰特福德。

在沃尔特·格雷茨基和菲利斯·格雷茨基的五个孩子当中，韦恩·格雷茨基排行老大。从儿子学习走路开始，身为业余冰球队员的老格雷茨基就朦胧感觉到儿子拥有超人的体育天才。两岁时，格雷茨基得到第一双冰鞋，拿着一根截短的冰球棍，他自然而然地走上冰球之路。6岁时，格雷茨基参加了布兰特福德当地儿童全明星冰球比赛。待到满10岁的时候，韦恩·格雷茨基已经在82场比赛的赛季里射入惊人的378球。格雷茨基的名字迅速出现在各大报刊的显要位置，每个加拿大人都在关注这位冰球神童。

赛场上的韦恩·格雷茨基

1977年，世界青年冰球锦标赛在布兰特福德举行。比赛中，格雷茨基表现突出，当选为最佳射手，成为世锦赛上最为年轻的最佳射手。

1978年，17岁的格雷茨基加盟了世界冰球协会印第安纳波利斯的竞赛者队。赛季末，格雷茨基进入埃德蒙顿油工队。从此开始，格雷茨基与埃德蒙顿解下了不解之缘。

1979年，世界冰球协会与美国全国冰球协会合并，韦恩成为了合并之后的美国全国冰球协会的最年轻的最有价值球员。1980年，格雷茨基代表加拿大冰球队参加国际比赛。格雷茨基成为了埃德蒙顿油工队队长，他率领球队5年中获得了4次斯坦利杯冠军，从1985年到1988年连续4年获得最有价值球员称号。

格雷茨基拥有非凡的预判力，他能预知场上的形势，并准确地判断场上其余11名球员在未来几秒钟内的位置，他对其他球员的位置更多是靠感觉而不是看，很多时候他看也不看就转身传球。因此，格雷茨基能做到未卜先知，及时掌控局势。

1988 年夏季，格雷茨基转会到了洛杉矶的国王队。1989年 10 月 15 日，格雷茨基在他职业生涯的第 780 场比赛中，获得了生涯第中第 1851 个进球，创造了职业冰球历史上的新纪录。但是，由于洛杉矶国王队整体水平差，因此，格雷茨基没能带领国王队获得斯坦利杯。

举着奖杯的韦恩·格雷茨基

接下来的几年，格雷茨基又转会去了圣路易斯蓝调队和纽约游骑兵队。1999 年，格雷茨基宣布退役。

最伟大的门将——哈塞克

哈塞克 1965 年 1 月 29 日生于捷克斯洛伐克帕尔杜比采市。身高 1.80 米，体重 76 千克。

作为历史上最伟大的门将之一，哈塞克有一个响亮的外号："统治者"，这个绰号不仅和他名字很是相似，更重要的是概括了他的个性——绝对的统治力。他一个人在不大的活动范围内就能击败对手，能挡住每一个角度过来的球，让人几乎想放弃进攻。如果说有哪个人能以守门员身份决定一场球赛的胜负，哈塞克当之无愧。

1981 年，哈塞克首次亮相捷克斯洛伐克的甲级联赛，两年后，他被美国全国冰球协会的芝加哥黑鹰队在选秀首轮选中，但仍留在国内联赛锻炼。1990 年，哈塞克正式登陆美国全国冰球协会赛场，他迅速融入黑鹰队中，首次比赛就挡住了 29 次射门中的 28 次。1992 年，哈塞克转会至布法罗军刀队，迎来了最辉煌的时刻。他 6 次取得年度最佳门将，分别是 1994、1995、1997、199、1999 和 2001 年。1997 年，他首次参加全明星赛，1999 年他率领布法罗队闯入斯坦利杯决赛，最后败给达拉斯星队。

在 1998 年长野冬奥会 1/4 决赛中，捷克对阵美国，在 0：1 落后的不利情势下连进四球，最终 4：1 击败拥有职业球员的美国，在这场比赛中，哈塞克创下扑救 38 次的记录。

半决赛，捷克遇上最大强队加拿大，两个队展开了长野冬奥会上最精彩的一场比赛。双方进入加时赛，均无建树，最后开始了残酷的点球决战，尽管加拿大门将表现不凡，挡下五位罚球手的四次射门，但哈塞克表现更为神勇，拦住全部 5 次射门。决赛中，捷克的对手是俄罗斯，哈塞克左扑右挡，成功拦下 20 次射门，帮助捷克最终赢得冠军。

在 2001/2002 赛季，哈塞克转投底特律红翼麾下，并在此结束了职业生涯。哈塞克响应国家号召，参加了 2002 年的盐湖城冬奥会。

冰壶明星

王冰玉

我国女子冰壶队成立于 2003 年，虽然成立时间短，但我国冰壶的女子选手在短短 5、6 年间就跻身世界强队行列。2007 年，中国队聘请了加拿大籍外教丹尼尔之后，我国女子冰壶的成绩得到了突飞猛进的发展。

在 2008 年女子冰壶世锦赛上，我国冰壶队一鸣惊人地获得亚军，并且获得了温哥华冬奥会的入场券。2009 年 2 月在哈尔滨大冬会上，她们又一举夺得冠军。2009 年 3 月 25 日，她们获得女子冰壶世锦赛冠

赛场上的王冰玉

军。2010 年又带领冰壶队获得了温哥华冬奥会的第三名。

王冰玉就是带领这支创造辉煌的冰壶队的队长，王冰玉 1984 年 7 月生于黑龙江省哈尔滨市，就读于哈尔滨体育学院。王冰玉的父亲是一名冰球教练。上中学时一个偶然的机会，王冰玉尝试了一次冰壶，就喜欢上了这个项目。2009 年女子冰壶世锦赛上，王冰玉带领中国女子冰壶队在决赛中战胜经验老到的瑞典队夺得了冠军，实现了中国在冰雪项目上的重大突破。

王冰玉身高 1.65 米，体重 65 千克。身为队长，王冰玉不仅自己做到头脑冷静、心理素质过硬，还要负责协调队友的意见，在比赛中统一全队的思想，有时，队员们会在战术的选择上出现分歧，这时候，队长就要调节好大家的情绪，并分析和统一全队的意见。而王冰玉就能很好地做到这一点。

王冰玉因为肩负战术决策和完成最后一击的工作，这要求她的心理素质一定要好，而她硬是经受住了"泰山崩于前而面不改色"的心理考验。当中国女子冰壶队成为 2009 年世界女子冰壶世锦赛冠军时，王冰玉感慨冠军的来之不易。

获奖后

岳清爽

岳清爽是中国女子冰壶队的二垒，她和队友王冰玉、柳荫、周妍、刘金莉合作赢得 2009 年世锦赛冠军，2009 年大冬会冠军，以及 2008 年世锦赛亚军，为我国赢得了荣誉。

冰壶美女岳清爽

岳清爽 1985 年 10 月生于黑龙江哈尔滨，就读哈尔滨体育学院。她身高 1.68 米，体重 55 千克，早在 2003 年，她就和队友一起夺得了第十届全国冬季运动会冠军。后来，她又以优异的表现进入了国家队。在国家队的日子里，岳清爽与队友们一起努力，脚踏实地苦练技术。2007 年，岳清爽与队友获得亚洲冬季运动会女子冰壶项目第三名。2008，她们便在世界冰壶锦标赛中一鸣惊人，一路过关战将，最终因为经验不足而输给了实力强大的加拿大队，获得亚军。2009 年，岳清爽和队友们在先后举行的世界大学生冬季运动会和世界锦标赛中所向披靡，登上了女子世界冰壶运动的最高点。

作为中国女子冰壶队的二垒手，岳清爽身上的担子并不轻。她不仅要以出色的技术为自己的冰壶做保护，还要担起破坏对手作战策略的重任。在 2009 年世界女子冰壶锦标赛决赛的第九局中，正是岳清爽两次成功地将对方的占位壶击出，才确保了中国队在第九局过后仍领先瑞典队一分。

岳清爽心理素质好，沉着冷静，关键时刻能顶得住压力，为我国女子冰壶队赢得胜利立下了汗马功劳。

周妍

周妍是中国女子冰壶国家队一垒，中国冰壶四朵金花之一。她和队友王冰玉、岳清爽、柳荫、刘金莉合作赢得 2010 年温哥华冬奥会季军，2009 年世锦赛冠军，2009 年大冬会冠军，2008 年世锦赛亚军。

周妍 1982 年 9 月 30 日生于黑龙江哈尔滨，哈尔滨体育学院体育运动专业毕业，身高 1.65 米，体重 55 千克。2000 年她第一次接触冰壶就喜欢上了这项运动。2009 年哈尔滨大冬会上，周妍与队友一起获得女子冰壶冠军，这也是中国女子冰壶队第一次夺得世界大赛的金牌。

比赛中的周妍

冰壶是一项集体项目，4 名运动员必须团结协作才能打好比赛。对此周妍深有体会，她说："我们 4 名队员之间很有默契，在赛场上，我们很少用语言交流，一个眼神，一个手势就全明白了。赛场下，我们训练、吃饭、睡觉都在一起，比跟父母在一起的时间还多，能不默契吗？"

柳荫

柳荫是是中国女子冰壶国家队三垒，在冰壶四朵金花中，她年龄最大。女子冰壶队取得的辉煌成就有她重要的付出。

柳荫 1981 年 8 月出生于黑龙江省哈尔滨市，也就读于哈尔滨体育学院。柳荫身高 1.66 米，体重 50 千克。在进入女子冰壶队之前，柳荫

比赛中的柳荫

曾在哈尔滨体育专科学校从事速滑项目。就在她要从速滑项目退下来的时候，正好冰壶队成立，她毅然进入了新成立的冰壶队，成为其中的一员。因为有速滑的底子，因此柳荫在冰壶运动中的稳定性很占优势，这是她成功的一个重要原因。

PART 11 历史档案

历史档案记录下来的是以往的辉煌，它起到了借鉴、对比、激励、警醒的作用。历史是一本最好的教科书，运动员要学会从历史记录中学到经验，汲取力量，再接再厉，努力拼搏，向体育运动"更高、更快、更强"的精神迈进。

冰球历史档案

历届世界冰球锦标赛奖牌榜

年份	金牌	银牌	铜牌
1920	加拿大	美国	捷克斯洛伐克
1924	加拿大	美国	英国
1928	加拿大	瑞典	瑞士
1930	加拿大	德国	瑞士
1931	加拿大	美国	奥地利
1932	加拿大	美国	德国
1933	美国	加拿大	捷克斯洛伐克

年份	金牌	银牌	铜牌
1934	加拿大	美国	德国
1935	加拿大	瑞士	英国
1936	英国	加拿大	美国
1937	加拿大	英国	瑞士
1938	加拿大	英国	捷克斯洛伐克
1939	加拿大	美国	瑞士
1940—1946 因第二次世界大战未举行			
1947	捷克斯洛伐克	瑞典	奥地利
1948	加拿大	捷克斯洛伐克	瑞士
1949	捷克斯洛伐克	加拿大	美国
1950	加拿大	美国	瑞士
1951	加拿大	瑞典	瑞士
1952	加拿大	美国	瑞典
1953	瑞典	德国	瑞士
1954	苏联	加拿大	瑞典
1955	加拿大	苏联	捷克斯洛伐克
1956	苏联	美国	加拿大
1957	瑞典	苏联	捷克斯洛伐克
1958	加拿大	苏联	瑞典
1959	加拿大	苏联	捷克斯洛伐克
1960	美国	加拿大	苏联
1961	加拿大	捷克斯洛伐克	苏联
1962	瑞典	加拿大	美国
1963	苏联	瑞典	捷克斯洛伐克
1964	苏联	瑞典	捷克斯洛伐克
1965	苏联	捷克斯洛伐克	瑞典

续表

年份	金牌	银牌	铜牌
1966	苏联	捷克斯洛伐克	加拿大
1967	苏联	瑞典	加拿大
1968	苏联	捷克斯洛伐克	加拿大
1969	苏联	瑞典	捷克斯洛伐克
1970	苏联	瑞典	捷克斯洛伐克
1971	苏联	捷克斯洛伐克	瑞典
1972	捷克斯洛伐克	苏联	瑞典
1973	苏联	瑞典	捷克斯洛伐克
1974	苏联	捷克斯洛伐克	瑞典
1975	苏联	捷克斯洛伐克	瑞典
1976	捷克斯洛伐克	苏联	瑞典
1977	捷克斯洛伐克	瑞典	苏联
1978	苏联	捷克斯洛伐克	加拿大
1979	苏联	捷克斯洛伐克	瑞典
1981	苏联	瑞典	捷克斯洛伐克
1982	苏联	捷克斯洛伐克	加拿大
1983	苏联	捷克斯洛伐克	加拿大
1985	捷克斯洛伐克	加拿大	苏联
1986	苏联	瑞典	加拿大
1987	瑞典	苏联	捷克斯洛伐克
1989	苏联	加拿大	捷克斯洛伐克
1990	苏联	瑞典	捷克斯洛伐克
1991	瑞典	加拿大	苏联
1992	瑞典	芬兰	捷克斯洛伐克
1993	俄罗斯	瑞典	捷克斯洛伐克
1994	加拿大	芬兰	瑞典

续表

年份	金牌	银牌	铜牌
1995	芬兰	瑞典	加拿大
1996	捷克共和国	加拿大	美国
1997	加拿大	瑞典	捷克共和国
1998	瑞典	芬兰	捷克共和国
1999	捷克共和国	芬兰	瑞典
2000	捷克共和国	斯洛伐克	芬兰
2001	捷克共和国	芬兰	瑞典
2002	斯洛伐克	俄罗斯	瑞典
2003	加拿大	瑞典	斯洛伐克
2004	加拿大	瑞典	美国
2005	捷克共和国	加拿大	俄罗斯

历届冬奥会男子冰球比赛奖牌榜

年份	金牌	银牌	铜牌
1920 年	加拿大	美国	捷克斯洛伐克
1924 年	加拿大	美国	英国
1928 年	加拿大	瑞典	瑞士
1932 年	加拿大	美国	德国
1936 年	英国	加拿大	美国
1948 年	加拿大	捷克斯洛伐克	瑞士
1952 年	加拿大	美国	瑞典
1956 年	苏联	美国	加拿大
1960 年	美国	加拿大	苏联
1964 年	苏联	瑞典	捷克斯洛伐克
1968 年	苏联	捷克斯洛伐克	加拿大

续表

年份	金牌	银牌	铜牌
1972 年	苏联	美国	捷克斯洛伐克
1976 年	苏联	捷克斯洛伐克	西德
1980 年	美国	苏联	瑞典
1984 年	苏联	捷克斯洛伐克	瑞典
1988 年	苏联	芬兰	瑞典
1992 年	独立国家联合体	加拿大	捷克斯洛伐克
1994 年	瑞典	加拿大	芬兰
1998 年	捷克	俄罗斯	芬兰
2002 年	加拿大	美国	俄罗斯
2006 年	瑞典	芬兰	捷克
2010 年	加拿大	美国	芬兰

历届冬奥会女子冰球比赛奖牌榜

年份	金牌	银牌	铜牌
1998 年	美国	加拿大	芬兰
2002 年	加拿大	美国	瑞典
2006 年	加拿大	瑞典	美国
2010 年	加拿大	美国	芬兰

历届奥运会冰球比赛总奖牌榜（截止到 2010 年）

排名	国家/地区	金牌	银牌	铜牌	总数
1	加拿大	11	5	2	18
2	苏联	7	1	1	9
3	美国	3	10	2	15

排名	国家/地区	金牌	银牌	铜牌	总数
4	瑞典	2	3	5	10
5	捷克	1	0	1	2
6	英国	1	0	1	2
7	独立国家联合体	1	0	0	1
8	捷克斯洛伐克	0	4	4	8
9	芬兰	0	2	5	7
10	俄罗斯	0	1	1	2
11	瑞士	0	0	2	2
12	德国	0	0	1	1
13	西德	0	0	1	1
总计		26	26	26	78

历届斯坦利杯冰球赛冠军榜

年度	东区冠军	比数	西区冠军
1915	渥太华参议员（MHA）	0－3	温哥华巨富
1916	蒙特利尔加拿大人（NHA）	3－2	波特兰玫瑰花蕾
1917	蒙特利尔加拿大人（NHA）	1－3	西雅图城市佬
1919	多伦多竞技场	3－2	温哥华巨富
1920	渥太华参议员	3－2	西雅图城市佬
1921	渥太华参议员	3－2	温哥华巨富
1922	多伦多圣徒	3－2	温哥华巨富
1923	渥太华参议员	2－0	埃德蒙顿爱斯基摩人
1924	蒙特利尔加拿大人	2－0	卡加立老虎
1925	蒙特利尔加拿大人	1－3	维多利亚美洲豹
1926	蒙特利尔黑奴队	3－1	维多利亚美洲豹
1927	波士顿棕熊队	0－2－2	渥太华参议员队

续表

年度	东区冠军	比数	西区冠军
1928	纽约游骑兵队	3 – 2	蒙特利尔黑奴队
1929	波士顿棕熊队	2 – 0	纽约游骑兵队
1930	蒙特利尔加拿大人队	2 – 0	波士顿棕熊队
1931	蒙特利尔加拿大人队	3 – 2	芝加哥黑鹰队
1932	多伦多枫叶队	3 – 0	纽约游骑兵队
1933	纽约游骑兵队	3 – 1	多伦多枫叶队
1934	芝加哥黑鹰队	3 – 1	底特律红翼队
1935	蒙特利尔黑奴队	3 – 0	多伦多枫叶队
1936	底特律红翼队	3 – 1	多伦多枫叶队
1937	底特律红翼队	3 – 2	纽约游骑兵队
1938	芝加哥黑鹰队	3 – 1	多伦多枫叶队
1939	波士顿棕熊队	4 – 1	多伦多枫叶队
1940	纽约游骑兵队	4 – 2	多伦多枫叶队
1941	波士顿棕熊队	4 – 0	底特律红翼队
1942	多伦多枫叶队	4 – 3	底特律红翼队
1943	底特律红翼队	4 – 0	波士顿棕熊队
1944	蒙特利尔加拿大人队	4 – 0	芝加哥黑鹰队
1945	多伦多枫叶队	4 – 3	底特律红翼队
1946	蒙特利尔加拿大人队	4 – 1	波士顿棕熊队
1947	多伦多枫叶队	4 – 2	蒙特利尔加拿大人队
1948	多伦多枫叶队	4 – 0	底特律红翼队
1949	多伦多枫叶队	4 – 0	底特律红翼队
1950	底特律红翼队	4 – 3	纽约游骑兵队
1951	多伦多枫叶队	4 – 1	蒙特利尔加拿大人队
1952	底特律红翼队	4 – 0	蒙特利尔加拿大人队
1953	蒙特利尔加拿大人队	4 – 1	波士顿棕熊队
1954	底特律红翼队	4 – 3	蒙特利尔加拿大人队
1955	底特律红翼队	4 – 3	蒙特利尔加拿大人队

续表

年度	东区冠军	比数	西区冠军
1956	蒙特利尔加拿大人队	4 – 1	底特律红翼队
1957	蒙特利尔加拿大人队	4 – 1	波士顿棕熊队
1958	蒙特利尔加拿大人队	4 – 2	波士顿棕熊队
1959	蒙特利尔加拿大人队	4 – 1	多伦多枫叶队
1960	蒙特利尔加拿大人队	4 – 0	多伦多枫叶队
1961	芝加哥黑鹰队	4 – 2	底特律红翼队
1962	多伦多枫叶队	4 – 2	芝加哥黑鹰队
1963	多伦多枫叶队	4 – 1	底特律红翼队
1964	多伦多枫叶队	4 – 3	底特律红翼队
1965	蒙特利尔加拿大人队	4 – 3	芝加哥黑鹰队
1966	蒙特利尔加拿大人队	4 – 2	底特律红翼队
1967	多伦多枫叶队	4 – 2	蒙特利尔加拿大人队
1968	蒙特利尔加拿大人队	4 – 0	圣路易蓝调队
1969	蒙特利尔加拿大人队	4 – 0	圣路易蓝调队
1970	波士顿棕熊队	4 – 0	圣路易蓝调队
1971	蒙特利尔加拿大人队	4 – 3	芝加哥黑鹰队
1972	波士顿棕熊队	4 – 2	纽约游骑兵队
1973	蒙特利尔加拿大人队	4 – 2	芝加哥黑鹰队
1974	费城飞人队	4 – 2	波士顿棕熊队
1975	费城飞人队	4 – 2	布法罗军刀队
1976	蒙特利尔加拿大人队	4 – 0	费城飞人队
1977	蒙特利尔加拿大人队	4 – 0	波士顿棕熊队
1978	蒙特利尔加拿大人队	4 – 2	波士顿棕熊队
1979	蒙特利尔加拿大人队	4 – 1	纽约游骑兵队
1980	纽约岛人队	4 – 2	费城飞人队
1981	纽约岛人队	4 – 1	明尼苏达北星队
1982	纽约岛人队	4 – 0	温哥华法裔加拿大人队
1983	纽约岛人队	4 – 0	埃德蒙顿油工

年度	东区冠军	比数	西区冠军
1984	纽约岛人队	1 – 4	埃德蒙顿油工
1985	费城飞人队	1 – 4	埃德蒙顿油工
1986	蒙特利尔加拿大人队	4 – 1	卡尔加里火焰队
1987	费城飞人队	3 – 4	埃德蒙顿油工队
1988	波士顿棕熊队	0 – 4	埃德蒙顿油工队
1989	蒙特利尔加拿大人队	2 – 4	卡尔加里火焰队
1990	波士顿棕熊队	1 – 4	埃德蒙顿油工队
1991	匹兹堡企鹅队	4 – 2	明尼苏达北星队
1992	匹兹堡企鹅队	4 – 0	芝加哥黑鹰队
1993	蒙特利尔加拿大人队	4 – 1	洛杉矶国王队
1994	纽约游骑兵队	4 – 3	温哥华法裔加拿大人队
1995	新泽西魔鬼队	4 – 0	底特律红翼队
1996	佛罗里达美洲豹队	0 – 4	科罗拉多雪崩队
1997	费城飞人队	0 – 4	底特律红翼队
1998	华盛顿首都队	0 – 4	底特律红翼队
1999	布法罗军刀队	2 – 4	达拉斯星队
2000	新泽西魔鬼队	4 – 2	达拉斯星队
2001	新泽西魔鬼队	3 – 4	科罗拉多雪崩队
2002	卡罗来纳飓风队	1 – 4	底特律红翼队
2003	新泽西魔鬼队	4 – 3	阿纳海姆鸭队
2004	坦帕湾闪电队	4 – 3	卡尔加里火焰队
2005	赛季停摆取消		
2006	卡罗来纳飓风队	4 – 3	埃德蒙顿油工队
2007	渥太华参议员队	1 – 4	阿纳海姆鸭队
2008	匹兹堡企鹅队	2 – 4	底特律红翼队
2009	匹兹堡企鹅队	4 – 3	底特律红翼队
2010	费城飞人队	2 – 4	芝加哥黑鹰队
2011	波士顿棕熊队	4 – 3	温哥华法裔加拿大人队
2012	新泽西魔鬼队	2 – 4	洛杉矶国王队
2013	波士顿棕熊队	2 – 4	芝加哥黑鹰队

冰壶历史记录

历届女子冰壶世锦赛奖牌榜

年份	金牌	银牌	铜牌
1979 年	瑞士	瑞典	苏格兰、加拿大
1980 年	加拿大	瑞典	苏格兰
1981 年	瑞典	加拿大	挪威
1982 年	丹麦	瑞典	苏格兰
1983 年	瑞士	挪威	加拿大
1984 年	加拿大	瑞士	德国
1985 年	加拿大	苏格兰	瑞士
1986 年	加拿大	德国	瑞典
1987 年	加拿大	德国	瑞士
1988 年	德国	加拿大	瑞典
1989 年	加拿大	挪威	德国、瑞典
1990 年	挪威	苏格兰	加拿大、丹麦
1991 年	挪威	加拿大	瑞典、苏格兰
1992 年	瑞典	美国	瑞士、加拿大
1993 年	加拿大	德国	挪威、瑞典
1994 年	加拿大	苏格兰	德国、瑞典
1995 年	瑞典	加拿大	挪威
1996 年	加拿大	美国	挪威
1997 年	加拿大	挪威	丹麦

年份	金牌	银牌	铜牌
1998 年	瑞典	丹麦	加拿大
1999 年	瑞典	美国	丹麦
2000 年	加拿大	瑞士	挪威
2001 年	加拿大	瑞典	丹麦
2002 年	苏格兰	瑞典	挪威
2003 年	美国	加拿大	瑞典
2004 年	加拿大	挪威	瑞士
2005 年	瑞典	美国	挪威
2006 年	瑞典	美国	加拿大
2007 年	加拿大	丹麦	苏格兰
2008 年	加拿大	中国	瑞士
2009 年	中国	瑞典	丹麦
2010 年	德国	苏格兰	加拿大
2011 年	瑞典	加拿大	中国
2012 年	瑞士	瑞典	加拿大
2013 年	苏格兰	瑞典	加拿大

历届男子冰壶世锦赛奖牌榜

年份	冠军	亚军	季军
1959	加拿大	苏格兰	
1960	加拿大	苏格兰	
1961	加拿大	苏格兰	美国
1962	加拿大	美国	苏格兰
1963	加拿大	苏格兰	美国
1964	加拿大	苏格兰	美国
1965	美国	加拿大	瑞典

年份	冠军	亚军	季军
1966	加拿大	苏格兰	美国
1967	苏格兰	瑞典	美国
1968	加拿大	苏格兰	美国
1969	加拿大	美国	苏格兰
1970	加拿大	苏格兰	瑞典
1971	加拿大	苏格兰	美国
1972	加拿大	美国	德国
1973	瑞典	加拿大	法国
1974	美国	瑞典	瑞士
1975	瑞士	美国	加拿大
1976	美国	苏格兰	瑞士
1977	瑞典	加拿大	苏格兰
1978	美国	挪威	加拿大
1979	挪威	瑞士	加拿大
1980	加拿大	苏格兰	瑞士
1981	瑞士	美国	加拿大
1982	加拿大	瑞士	德国
1983	加拿大	德国	挪威
1984	挪威	瑞士	瑞典
1985	加拿大	瑞典	丹麦
1986	加拿大	苏格兰	美国
1987	加拿大	德国	挪威
1988	挪威	加拿大	苏格兰
1989	加拿大	瑞士	挪威、瑞典
1990	加拿大	苏格兰	丹麦、瑞典
1991	苏格兰	加拿大	挪威、美国
1992	瑞士	苏格兰	加拿大、美国
1993	加拿大	苏格兰	瑞士、美国

续表

年份	冠军	亚军	季军
1994	加拿大	瑞典	德国、瑞士
1995	加拿大	苏格兰	德国
1996	加拿大	苏格兰	瑞士
1997	瑞典	德国	苏格兰
1998	加拿大	瑞典	芬兰
1999	苏格兰	加拿大	瑞士
2000	加拿大	瑞典	芬兰
2001	瑞典	瑞士	挪威
2002	加拿大	挪威	苏格兰
2003	加拿大	瑞士	挪威
2004	瑞典	德国	加拿大
2005	加拿大	苏格兰	德国
2006	苏格兰	加拿大	挪威
2007	加拿大	德国	美国
2008	加拿大	苏格兰	挪威
2009	苏格兰	加拿大	挪威
2010	加拿大	挪威	苏格兰
2011	加拿大	苏格兰	瑞典
2012	加拿大	苏格兰	瑞典
2013	瑞典	加拿大	苏格兰

历届男子冰壶世锦赛金牌榜（截止到 2013 年）

国家	冠军	亚军	季军（含并列）
加拿大	34	9	6
瑞典	6	6	7
苏格兰	5	21	8
美国	4	5	12

国家	冠军	亚军	季军（含并列）
瑞士	3	6	7
挪威	3	3	9
德国		5	5
丹麦			2
芬兰			2
法国			1
合计	55	55	59

历届女子冰壶世锦赛金牌榜（截止到 2013 年）

排名	国家/地区	金牌	银牌	铜牌	总数
1	加拿大	15	6	7	28
2	瑞典	8	6	7	21
3	挪威	2	4	7	13
4	德国	2	3	3	8
5	瑞士	2	2	5	9
6	美国	1	5		6
7	苏格兰	1	4	5	10
8	丹麦	1	2	5	8
9	中国	1	1	1	3